栽培 ス

ビカクシダ2

魅力あふれる最新品種と
美しく育てる実践ノウハウ

INTRODUCTION

自然の造形を、より美しく、自分好みに育てる。

ビカクシダは熱帯のジャングルなどに自生する着生植物。
胞子葉と貯水葉、形態の異なる葉が特徴で、
独創的な雰囲気をもっている。
アレンジや飾りかたの自由度が広く、
インテリアグリーンとして注目を集めている。

ビカクシダ栽培の醍醐味は、
自分の思い描く美しい姿に仕上げていくこと。
品種の特性などを考慮して
育成環境を整え、手間をかけることによって
理想に近づいていく。

近年ビカクシダは、さまざまな交配種や選抜株など、
多くの品種が流通し、バラエティーに富んでいる。
株のサイズや葉の形状、色合いや質感など、その特徴は多岐に及び、
好みの株を探す楽しみが増えている。
さて、あなたはどのビカクシダを、どのように育ててみたいですか？

CONTENTS

CHAPTER 1

Living with a Platycerium

ビカクシダと暮らす

ビカクシダに魅せられ、栽培を楽しむ人々。インテリアとしてのこだわりや、コレクションする喜び、さらに品種の特長を生かした栽培法の模索など、ビカクシダの楽しみは尽きない。ハイレベルな愛好家のビカク・スタイルを追う。

1 PLATYCERIUM LOVERS

つくり込みとアレンジでビカクシダの価値を高める

野本栄一さん (driftwood.smokeywood)

ビカクシダの輸入・販売を行う「SmokeyWood」の代表として多彩な品種を扱う野本さん。早くからSNSを活用したビカクシダの普及に取り組み、大勢の愛好家からBOSSの相性で親しまれている。野本さんは株を販売するだけでなく、栽培家としての顔も持つ。新しく改良された品種以外にも、世界各地の原種も所有し、長期にわたって育成している。

「自生する熱帯地域で育った株と、日本で育てた株は同じ品種でもまったく違う姿に育ちます。四季のある日本では季節によって気温の変化があり、少し辛い環境で栽培されたビカクシダは比較的コンパクトに仕上がります。育てる環境をうまくコントロールすることで、理想の株姿に育てていくという楽しみがあります」。

実際に野本さんが育てたビカクシダは、コンパクトで引き締まった株がほとんど。

1

❶東大阪市にある「azito」。株の販売会などの拠点となる。❷全国のイベントにも精力的に参加し、多彩な品種を販売している。❸ビカクシダの普及のため、栽培法やアレンジ法などの講習も行っている。

2

3

この日本特有のビカクシダに魅せられるファンが多いのだ。

さらに、その仕立てかたにも個性的なアレンジが加わる。さまざまな形状のコルクに着生させるスタイルだ。板付けされた株も悪くはないが、野本さんが仕立てるコルクアレンジは格別の趣がある。ビカクシダの美しさを引き立てつつ、故郷の大自然を連想させる。

「ビカクシダの最大の魅力は、比較的丈夫な着生植物で、インテリアとして取り入れやすい点にあります。コルクとの相性がよく、アレンジする楽しみもありますね」。

SmokyWoodでは現在、温室２棟と遮光下の屋外のほか、室内の育成スペースも充実している。おもにドワーフ種は室内、ベイチーやビフルカツム系統、リドレイなど、その他の原種は屋外管理が基本になるが、とくに販売株はどの環境でも対応できるように、季節や株のサイズによって、いくつかの環境をローテーションしながら育成しているという。近年では夏の暑さが厳しいため、室内管理の割合が増えてきているようだ（具体的な栽培法やアレンジの方法についてはChapter3参照）。

「最近では小さな株のドワーフ種や、個性が際立つ選抜株など、さまざまなタイプのビカクシダが流通するようになりました。そのなかで好みの種類を見つけ、理想の姿につくり込んでいくスタイルが主流になっていくと思います」と、野本さんは語る。そのためにも、ビカクシダの価値を高め、今後も多くのファンが憧れるような株をつくり続けていきたいと考えている。

4

5

6

❹倉庫には大量のコルクを常備。サイズや形状の異なるタイプを揃えている。イベントではコルクの販売も行う。❺加工したコルクにビカクシダを着生させる。地べたに座って作業するのがBOSS流。❻まっすぐなチューブ状のコルクをフレームに仕立てた作品。❼azitoの正面にそびえるビカクウォール。１階から２階に抜けるアイアンフェンスに、多彩なビカクシダが並ぶ。中央にはSmokeyWoodを象徴する「リド鹿」の姿も。

7

8

❽ドワーフ種のジェニー（詳細はP.62参照）。加工したコルクに着生させることで、ナチュラルな芸術性を帯びる。❾チューブ状のコルクをつなぎ合わせ、その内側にリドレイを着生させた。コンパクトに生長するリドレイが引き立つアレンジだ。野本さんはビカクシダの育成と同時に、コルク加工の可能性も追求している。

9

10

11

伊弉諾（いざなぎ、❿）と伊弉冉（いざなみ、⓫）。野本さんが運命的な出会いをしたウィリンキーのコンパクトタイプ（詳細はP.64参照）。全体に小さくまとまる株で、貯水葉は小さな冠状、繊細に伸びる胞子葉も魅力。高温になりすぎない環境で、大切に育てられている。

アンティークによく似合う ビカクのポテンシャル

木村 博さん（nature_roshi303）

ヨーロッパのアンティーク家具や雑貨に囲まれて暮らす木村さん。その空間にディスプレイされたビカクシダは、特別な輝きを放つ。コルクに着生した株はオリジナルのスタンドに掛けられ、その凛とした立ち姿が日常の生活にナチュラルな彩りを与えている。

「形態や性質を考えると、ビカクシダはインテリアグリーンとしてのポテンシャルはかなり高いと思います。コレクションする楽しみもありますが、いかにインテリアとしての両立を図るかを考えています」。仕立て方や配置については、「重力のシンメトリー」を意識しているという。株を左右対称につくるだけではなく、着生させるコルクを含めた見た目の重力を加味してバランスをとっている。コルクにはツタを絡ませたり、他の植物を配置させるなどの工夫もあって、より観賞価値を高めているのも特長だ。

そもそも木村さんの園芸キャリアは20年以上に及ぶ。古くからビフルカツムを栽培していたが、数年前にリドレイに出会い、本格的な育成をスタートさせた。ヒリー、ベイチー、ウィリンキー、ドワーフ系などの種類を厳選して栽培している。

基本的に冬以外は、ベランダで自然光を当てて育てている。胞子葉が展開する角度にこだわり、品種の特性に合わせて光が当たる角度を調整しているという。

「本来は育てていく過程が一番おもしろいんです。株の素質はありますが、栽培環境によってその姿は大きく変わります。工夫して美しく育てるのが一番の醍醐味。観賞はそのご褒美のような、おまけのようなものなんです」と、木村さんは語る。育成の苦労と楽しみがあるからこそ、観賞する喜びも増幅するのだろう。

❶ビフルカツムホワイト。胞子葉がきれいに立ち上がり、子株が左右対称に生長して美しい大株に仕上がっている。

1

2

❷ヒリー系の改良品種ドラゴンプランプ（Dragon Plump）。幅広の胞子葉がきれいに立ち上がり、うねる姿が緑色の炎のよう。❸スノークイーンF303プラチナはベイチーとウィリンキーを交配させた選抜品種。ボリュームある胞子葉が美しくハンズアップし、コルクとのバランスも考えられている。

3

4

5

6

❹ツタが絡まるコルクに着生するリドレイ。立派な株に生長している。❺❻着生ランやアリ植物、ブロメリア、チランジアなどを枝状のコルクに着生させた、環境価値の高いアレンジ。この状態で長期栽培を行っている。❼冬以外の季節は基本的にベランダで管理。外を背にして配置することで強い日ざしを防いでいる。葉にはガラスの反射光がちょうどよい。❽リドレイの胞子培養も行っている。

7

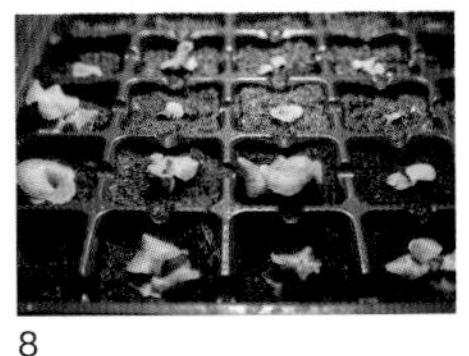
8

9

10

❾長年のアクアリストでもある木村さんが管理している水槽。90㎝水槽の上には小型のビカクシダをはじめとする観葉植物を育成。水中と陸上がつながる自然の景色を再現する。❿水槽内ではワイルドベタのパトティ'マジャンゴールド'を複数混泳させている。

安定した室内栽培で美しいビカクづくりに励む

pokomerryさん

煌々と照らされる明るい環境のもとで、たくさんのビカクシダが育てられている様子は、圧巻のひとこと。pokomerryさんのお宅では、ガレージを改築してビカクシダ専用の育成ルームにつくり変えたという。東京都心の一戸建てだが、日当たりがあまりよくないため、室内メインで栽培を行っている。

「室内栽培は年間を通して同じ環境にしやすく、安定した育成ができるというのがメリットです」とpokomerryさん。部屋の壁際と中央にフェンスを立て、天井には多種類のLEDライトを設置。ライトの波長については、現在いろいろなタイプを試している状態だというが、今のところやや暖色系のライトがよい結果を出しているという。風を送るサーキュレーターも複数設置し、強い株を育てている。

pokomerryさんがビカクシダの栽培を本格的にスタートさせたのは、コロナ渦の2020年。ビカクシダの多様な姿に魅了され、いろいろな品種を集めはじめたという。コロナリウムやウィリンキー系など比較的大株のビカクシダをたくさん所有しているが、最近ではドワーフ種の育成にも取り組んでいる。

「ドワーフといっても栽培そのものの難易度は、ほかの種類と変わりません。ただ、手をかければかけるだけきれいに育ってくれるので、少し違った楽しみがありますね」。さらに、今後は品種の特性を生かす栽培を行っていきたいと抱負を語る。葉数を多く、コンパクトにこんもりとしたフォルムのビカクを理想とし、光や水、風のバランスを調整しているようだ。これからもpokomerryさんのチャレンジは続く。

1

❶ガレージを改装してつくった飼育ルームには多彩な品種が育てられている。❷壁面のほかに、部屋の中央部分にもフェンスを立てて株を配置。床には反射シートを置いて、フェンス下層部分の明るさをアップ。❸アガベの仲間も本格的に栽培中。LEDを多灯することで十分な明るさを得ている。熱がこもらないようにファンも回す。❹子株の世話をする奥様。夫婦でビカクシダの育成を楽しむ。

2

4

3

5

6

7

❺リビングの壁一面に並ぶ子株。水切れに注意しながら生長させる。❻子株の育成に使用しているLED。暖色系の波長をもつタイプをメインに使用している。❼子株はしばらくポットで育成し、ある程度根が生長したら板付けに。❽3Dプリンターでつくった専用の着生板「Z-Hego-pro」（yohei1572）のSとMサイズ。通気性がよく、根の生育にもよい効果が見込める。❾陶器でできた着生板（and.plants_pottery）もある。

8

9

10

❿3年ほど育成し、大株に生長したコロナリウム。左右についた子株が育って、阿修羅タイプに。大株といっても東南アジアの現地で見るようなものとは違って、胞子葉が伸びすぎず、コンパクトにまとまっている印象。

11

12

13

14

⓫ウィリンキーの園芸品種 'Sri Peuak'。白い胞子葉が印象的で、きれいな分岐をみせる。⓬ 多数の胞子葉がきれいに立ち上がるベイチー系の品種。⓭子株から育てて2年目になるジェイドガール（胞子培養株）。胞子葉が放射状にきれいに伸びている。⓮白くて幅の広い胞子葉を広げる'Woot'。胞子がつくと葉の先端がカールする。

正面から見てバランスのよい株をつくるための工夫

藤川貴久さん（j39bo）

「種類の多様性と、栽培者の育成方針で、同じ品種でもまったく異なる葉姿にできるところにゲーム性があって、奥深い魅力を感じています」と話すのは三重県在住の藤川さん。多くのビカクシダを育てているが、なかでもバリエーション豊かなウィリンキーが好みだという。さらに最近では、ワリチーやマダガスカリエンセ、クアドリディコトマムなどの原種も野趣があって惹かれているようだ。

藤川さんの栽培環境は完全室内で、年間を通して一定の育成を行っている。メインとなる栽培スペースにはLEDを多灯しているが、その全面は大きなガラス張りで、サンルームのような場所。したがって、光は自然光とLEDの組み合わせとなる。とくに夏場は太陽の角度で室内に光が入ってこないため、胞子葉ターンの株については優先的にLEDが満遍なく当たるところに配置換えしているという。また、照度計を用い、1〜2万ルクスの間で最適な照度になるよう調整している。

SNSでは美しい株をいくつも紹介しているが、バランスのとれたよい株に仕上げるにはどうすればよいのだろうか？

「貯水葉ターンには水やりを多めにすることで、大きく立派な貯水葉が展開しやすくなります」。あらかじめ成長後のイメージを持って水苔を盛るか、生長に合わせて水苔を葉の裏に詰めて随時形を整えるとよいという。また、胞子葉については、左右対称であることが美しいビカクの条件。そのためには水平方向で光が均一である必要があるため、照度計を使って水平方向に同程度のルクスになっているかを確認している。これからもSNSを通じて、多くの人にビカクシダの魅力を伝えていきたいと話してくれた。

1

❶自然光が入る栽培スペース。

2

3

4

5

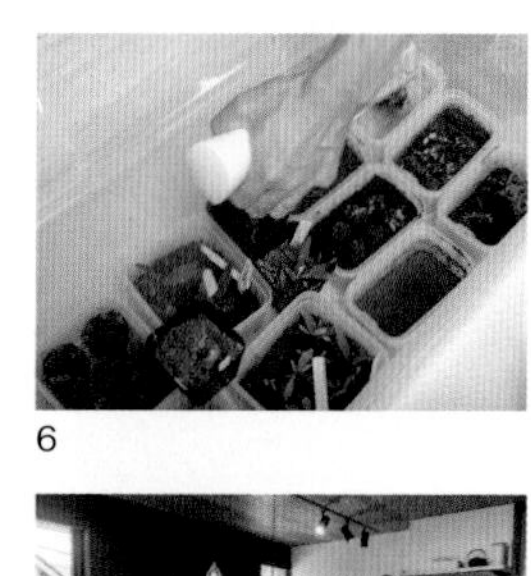

6

7

❷階段を登ると広い開口部があり、自然の光を取り込めるような造りになっていて、さまざまな場所にビカクシダが飾られている。❸栽培フェンスの上にずらりと並ぶLEDライト。同じ製品を同じ間隔で使用することで明るさが均一になる。❹照度計を使って明るさをチェック。10000〜20000ルクスの間で調整する。❺栽培の専用ルームには、ラックを配置し、ドワーフ種などの育成が行われている。❻大型のプラスチックケースのなかで胞子培養も進める。❼ビカク仲間が藤川さんの自宅に集まる。SmokeyWoodのBOSSも加わって話に花が咲く。

8
9
10
11

❽アッパー系の白くて細い胞子葉が魅力のエルサ。ベイチー系の品種だが、強めの光だと胞子葉が水平方向に展開せず、分岐も綺麗に放射状に広がらないため、ベイチーではなくウィリンキーの光環境で管理している。❾モンキーキングはリドレイの園芸品種で、幅広の葉と葉先のうねりが特徴。❿リドレイナノは繊細な細い胞子葉が魅力。⓫ウィリンキーの園芸品種スマーフ。冠状の貯水葉がきれいに立ち上がり、深い切れ込みのある短めの胞子葉がコンパクトにまとまる。

12

⓬温度さえ気をつけていれば比較的育てやすい原種のワリチー。幅広の胞子葉と大きな切れ込みが入る貯水葉が特徴。⓭ウィリンキーの園芸品種スコフィードタツタ（胞子培養株）。株全体がコンパクトにまとまる。⓮光をしっかり当ててアッパーに育てたキングフィッシャーは、ベイチーをもとにした園芸品種。⓯月光とムーンライト2種。いずれもウィリンキー系の人気種だ。左上が月光爪哇で、葉先の細かな分岐が特徴。中央がムーンライトで、生長すると切れ込みの深い胞子葉が横に広がり、先端が外側にカールする。右下のムーンライトは胞子葉が細かく分岐して、より繊細な印象を与える。

13

14

ジャパンクオリティの株を世界に届けたい

bigbellさん（big_bell.plants_aqua）

ビカクシダの本格的な栽培をはじめて約10年というbigbellさん。このジャンルではかなりのキャリアを誇るベテランといってよい。ビカクシダの魅力については、①着生種で立体の芸術作品のように育つところ、②機能の違う２種類の葉を出すところ（愛でるポイントが倍増）、③育てかたによって姿が大きく変わるところを挙げる。

栽培は室内と屋外で行っているが、光については太陽光を重視している（ドワーフ種以外）。冬から徐々に太陽光に慣らし、多くの品種は30℃を超える真夏日以外は直射日光で育て、冬も昼間は屋外に出しているという。温度については、リドレイ、コロナリウム、およびそれらの交配種は14℃を下回らないように管理し、それ以外の品種は最低温度６℃を下回る日は室内に取り込んでいるそうだ。

また、bigbellさんはドワーフ種を数多く取り入れ、状態よく育成させている点でも注目に値する。

「温度や水やりなど、基本的な育成法は普通種と変わりません。ただし小さくても生長は速く、葉は硬いので、毎日の観察とこまめな手入れが大切です」。胞子葉の誘導は、針金やスポンジなどを用いて葉が硬くなるまでの早い段階に行うほうがよいという。また、度を超えた光や肥料を与えたり、小さく維持したいからといって水を控えめにしたりしないこと。ドワーフ系は肥料や水やりに関係なく小さく収まるので、のびのびと育てるほうがきれいに育つという。とくに胞子培養苗のドワーフ種は、貯水葉が内側に巻き込みがちだが、水苔を少し平らに盛ることできれいに展開しやすくなるようだ。

今後は、四季を味方につけた育成で、ジャパンクオリティのビカクシダを世界に発信することをめざしている。

1

2

❶温度管理された室内に置かれたシルバーラックに所狭しとドワーフ系のビカクシダが並ぶ。いずれも状態よく生長している様子がわかる。❷照明器具にはヘリオスグリーンLEDプロを使用。植物育成用のパネル式で均一な光を照射し、調光も可能。❸庭のシンボルツリーとして植えられているオリーブの木に吊されたビフルカツム系のジーセンヘンネ。真夏でも木漏れ日で育つ。

3

4

5

6

❹bigbellさんは大型魚の混泳を楽しむアクアリストとしても有名。幅230cmのオーバーフロー水槽にはロングノーズガーやダトニオなどが泳ぐ。❺ヒリー'RP'(RodPattison)。オーストラリアからの選抜種で、葉先が細かく分岐するタイプ。❻ウィリンキーのワイルド由来とされるドワーフ種'OMG'。白い葉の多分岐が魅力。❼詳細は非公開とのことだが、こちらもワイルド由来でとても希少なドワーフ系のウィリンキー。繊細な胞子葉が左右に広がり、先端が光をつかむように少しカールしている。❽バクテリアの胞子培養株。細くて繊細な胞子葉が多数伸び、コンパクトにまとまっている。❾ジェニーはタイから輸入された矮性の園芸品種。分岐の多い白い胞子葉が特徴だ。

7

8

9

10

11

12

13

14

15

❿カルロスタツタ氏由来のウィリンキーをベースに、多分岐系の品種を交配し作出したというbigbellさんオリジナルの品種フリーダム。その胞子培養株のなかからそれぞれの特徴をもつものを選抜し名付けられた。白くバランスのよい葉姿が特徴。⓫真夏の暑い時期は、多くの株が室内で管理される。⓬⓭室内の栽培ルームではビカクシダ以外の植物も。チランジアや塊根植物、ブロメリアなども育てている。⓮ウィリンキーのムタシ01という品種。インドネシア産ワイルド由来の選抜株で、すらりと伸びる胞子葉がきれいに下垂する。⓯6年前に購入したベイチーで詳細は不明。鋭く尖る貯水葉と先端で細かく分岐する胞子葉の組み合わせが美しい。

リビングで立派に育った群生株を愛でる

中島 強さん（tomtom_green）

元気に大きく育てるというのが中島さんのモットー。リビングに飾られた原種のウィリンキーは、左右の子株が生長し、見応えのある立派な群生株に仕上がっている。最近では小さな品種がもてはやされる傾向にあるが、こうした大株を見ると、ビカクシダのもつ生命力やジャングル特有の神秘をも感じさせる。

コロナ渦の2020年頃から本格的にビカクシダの栽培をはじめたという中島さん。自宅の屋上にハウスを２棟建て、自然光をメインにした育成を行うほか、ドワーフ種や暑さに弱い品種は、専用の栽培ルームで育てている。屋外管理では50％ほどの遮光を行い、業務用のサーキュレーターで夏は24時間空気を動かしている。

「室内育成では一定の環境に整えることができ、安定した栽培ができるのがメリットですが、屋外栽培における太陽の力はかなり優れています」と、中島さんはいう。自然光では全方向に十分な光が当たり、株が元気に生長し、子株も出やすくなると感じている。

ただ、外管理では冬の冷え込みには注意が必要だ。理想は15〜30℃だが、多少の寒さや暑さに耐えてくれる丈夫な品種も多い。ただ、霜が降りるほどの寒さに当ててしまったときには、丈夫な品種でも状態を悪くしてしまったことがあるという。

「いま管理しているビカクシダをすべて群生株に！」というのが中島さんの目標となっている。できるだけ自然な形で手を加えず、子株や枯れ葉もそのままにして自然な姿を楽しんでいきたいと話す。

また、10年後や20年後もビカクシダを栽培し続けたいと考えている。何年もの時を経て、盆栽のように時代を感じさせるビカクシダがつくり込まれていくのだろう。

❶リビングに飾られたインドネシア産のウィリンキー。大株で見応えがある。

1

2

3　4

5

6

❷屋上のビニールハウスで育てる株に水を与える。水は水苔が完全に乾く前に与えるようにしている。❸業務用のサーキュレータを稼働させ、空気の流れをつくっている。❹RO浄水器を通した新鮮な水を与えている。❺ドワーフ種は大切に室内管理で。LEDを上と斜め上から当て、サーキュレーターで緩やかな風を当てる。❻飼育ルームでは、比較的暑さに弱い株などを管理。以前はメタルハライドランプを使用していたが、現在はLEDライトに切り替えている。

7

8

9

10

❼フーンシキを元にしてつくられたゴースト。星状毛の多い胞子葉が上に伸び、先端が垂れ下がる。❽ヒリー系の園芸新種オーチャオ（AorChao）。タイから輸入された品種。❾胞子培養株のマダガスカリエンセ。高温を嫌うため、やや低めの温度で管理。❿ベイチー系のキングフィッシャー。細く伸び挙げる白葉が特徴。

11

12

13

15

14

16

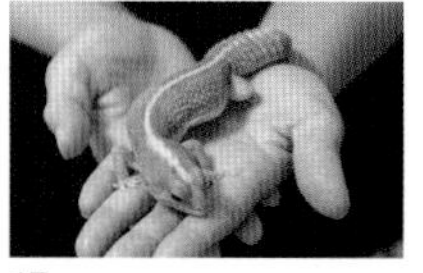

17

18

⓫部屋に飾られた大株のチャンタブーン。コロナリウムホワイトとリドレイの交配種で多分岐の胞子葉の先端がカールする。原種にはない独特な雰囲気を醸し出している。⓬左から、ウィリンキー・バリ、エスエスフーン、フーンシキ。遮光下の屋外で管理され、いずれも丈夫に大きく育っている。⓭苔玉仕立てのヒリーのドラゴン(胞子培養株)。⓮ひとつのコルクに着生させたコナユキ(上・ドイトン×ピューチャン)とフブキ(下・ピューチャン×ウィリンキー)。⓯リビングには管理のいき届いたアクアテラリウムも。水槽の主役は立派なアルタムエンゼル。⓰休日は一家団欒の時を過ごす。奥様の梢さん、長女の和花さん、長男の新太くんと一緒に。⓱⓲奥様は爬虫類の飼育に夢中。ニシアフリカトカゲモドキとトーマストゲオアガマを飼育している。

ビカクシダは個性的な美を追求する生きるアート

kiyoshiさん (bk_kiyoshi)

独特の葉の形状で、唯一性が強く、まさに生きたアートだと、ビカクシダを語るkiyoshiさんは、豊富な品種を手がけるトップクラスの愛好家。自宅リビングの壁一面にはぎっしりと個性豊かなビカクシダが並ぶ。このほかにも庭に温室を建て、別の部屋一室と、ベランダにも育成スペースがあり、数えられないほどの株を所有している。kiyoshiさんがすごいのは、多くの株をただ単に栽培しているというのではなく、ひとつひとつの品種や個体の特徴を理解し、それに合わせた栽培法をとることで、アートと呼ぶにふさわしい美しい株に仕上げていることだ。

たとえば、光について。屋外管理では、ベイチーやベイチー系の交配種、リドレイなどはよく日が当たる場所で管理（夏は約50％遮光）。ヒリーやアルシコルネ、小さい株は光の強すぎない場所で管理（春夏秋50％遮光）している。冬は気温が問題なければ、直射でもOK。室内管理のLEDは、おもにアマテラスの20Wと10Wを使用。ベイチー系やリドレイなどはもっとも明るい場所に置き、ヒリー系などは、それらの株より1段階光の強さを落として管理しているという。

「株を美しく育てるには、光のほかに水や風、温度、湿度、肥料も大切な要素になります。それぞれ求めるものは品種によって少しずつ異なるので、さまざまな方法を試してみるしかありません。私もその試行錯誤の途中ですが、それがもっとも楽しい作業なんです」と、kiyoshiさんは笑う。今後は、ビカクシダ本来の持っている特徴やポテンシャルをうまく引き出せる栽培家になること。さらに、ビカクシダのアートな部分をSNSを通じて、多くの人に伝えていくことを目標に掲げている。

1

2

❶壁面を埋め尽くすビカクシダ。下層でも光が十分に当たるようにLEDライトを設置している。❷ずらりと並んだLEDライトのアマテラスが明るい光を照射する。白っぽいさわやかな光がビカクシダを照らし、あざやかな葉色が際立つ。

3

4

5

❸庭に温室を建て、屋外でもビカクシダを育てる。ここにもLEDを完備し、冬場など光量が足りないときに照射する。冬はヒーターを入れて温度管理も行う。❹栽培ルームでは胞子培養にも挑戦している。❺珍しい斑入りのリドレイ。胞子葉、貯水葉ともに明確な斑の模様が入っている。❻ひとつひとつの株を観察するkiyoshiさん。株の変化を見極めることが大切。ちなみに、全体の水やりにかかる時間は4時間だという。❼栽培ルームの株は、光量強めの品種が並ぶ。

6

7

8 9 10 11

❽バクテリアの胞子培養株。細かな胞子葉が無数に分岐したスーパードワーフ。❾ジェイドガールの胞子培養株で、生き生きとした葉が展開している。❿トリコームに覆われた白い葉が特徴のジェニー。⓫高めの湿度を好むマダガスカリエンセ。3年ほど管理していて子株も増えてきた。

12

13

14

15

⓬すらりと立ち上がる胞子葉と、貯水葉が細くうねるベイチーワイルド。⓭ スノークイーンのひとつでピューチャン選抜のハクナマタタ。胞子嚢をつけた葉先がうねる。⓮モンスターベイチーと呼ばれるベイチー＃1。貯水葉先端の激しい尖りが魅力。⓯ 通常、胞子葉が下垂してきれいに仕上げるのが難しいペドロ。光を調整することで美しいアッパーの株に。

16 17 18 19

⑯幅広の胞子葉が特徴のギンカ（胞子培養株）。17枚連続で胞子葉が展開している株。⑰ヒリー系のパオパオとドラゴンを交配させたデビルドラゴン。胞子葉の生長が終わると葉先だけ小さくカールする。⑱スノークイーンF306のセーラームンだが、現地で紹介されている株とはまったく違う姿。葉がショートで引き締まった株に。⑲ホワイトタイガー。メタリックな質感のワイドリーフで、胞子がつくと内側に大きくカールする。

生長スピードをあげて美しい株に育てる

babyfaceさん（baby_face_1107）

いま人気のウィリンキー系ドワーフ種をいち早く取り入れ、スピード感のある育成によって、それら日本での見本となる株姿を示してきたのがbabyfaceさんだ。現在、数々のドワーフ種は専用の栽培ルームで管理され、それ以外の品種の多くは自宅屋上で栽培している。

babyfaceさんは古くから果樹やラン、ブロメリアなどの栽培を行っていて、長い園芸キャリアを誇る。ビカクシダはとくに生育が速く、結果が早く現れることなど、他の植物とは異なる魅力があるという。

「ビカクシダ栽培で重要になるのが生育のスピードです。とくに子株を育てる際に生長速度を上げることで、体力のある株になり、美しい姿に育ってくれます」と、話す。「葉は、根のあとからついてくる」といい、目には見えない根の重要性を説く。子株のうちは根を十分に育てることがポイントになるという。

胞子葉が1〜2枚のころの子株では、まず3カ月間の養生を。強光ではない場所で、湿度を高めた状態で育て、根を十分に張らせる。その後、半年間は一気に生長させる期間。ここでは根の育成に有効な肥料や、葉に液肥を与えることもある。その後さらに半年ぐらいでそれなりの株のサイズに生長させたあと、理想的なイメージの形づくりに入っていくというスケジュールだ。

babyfaceさんは現在も新たな品種の育成に取り組んでいる。10年ほど前には、原種以外で20種くらいしか流通していなかったビカクシダだが、現在ではウィリンキー系だけでも数百を超えるタイプが出回っている。その最先端の情報を集め、まだ見ぬ品種を育てるトップランナーとしてこれからも走り続ける。

1

2

❶ドワーフ種が並ぶ、ビカク専用の栽培ルーム。LEDとエアコンを利用して一定の環境をつくっているが、昼と夜に温度差をつけるテクニックも。❷夏の日ざしが降り注ぐ自宅の屋上では、ライチの実が収穫間近。ビカクシダは遮光下で状態よく生長させている。

3

4

❸バクテリアの胞子培養株がずらりと並ぶ。水苔の分量はやや少なめで平面的に盛っているのが特徴的だ。❹ジェイドガールの胞子培養株が育つフェンス。貯水葉と胞子葉、ともにきれいな形で展開している。❺十分に生育したジェイドガール。コンパクトにまとまるが、葉数が多く、見応えのある株に仕上がっている。❻上と同じジェイドガールだが、やや照度を落とした環境で育成された株。胞子葉の先がやや下垂するイメージ。こちらのタイプが好みだという人もいる。

5

6

7

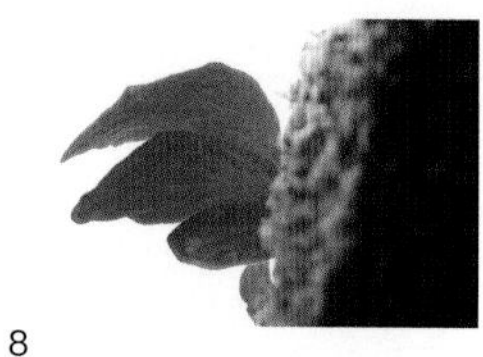

8

❼ジュエルオーキッドのように、葉脈に沿って淡い色の模様が入るフィッシュボーン。ウィリンキー‘ワチャラ’の胞子まきからのミュータント。❽葉の裏にも葉脈の模様が見える。❾イエロームーンドワーフ（YMD）。タイで作出された新たなスポアのドワーフ選抜。比較的幅広の白い胞子葉で、先が多分岐。❿今年の春に輸入されたばかりのブルークイーンドワーフ。胞子培養の選抜株で今後どのように生長するか楽しみな株。⓫台湾からやってきたゴールドボーイと呼ばれる金童。元は山採りの矮性種で、極めて流通の少ないレア種。ジェイドガールよりもさらに小さな姿にまとまる。⓬台湾からリリースされた月光爪哇（ゲッコウジャワ）。胞子葉の葉先が細かく分岐し、全体にコンパクトで丸みを帯びたフォルムに育っている。

9

10

11

12

CHAPTER 2

The latest collection of Platycerium

ビカクシダ
最新コレクション73

SmokeyWoodの野本さんをはじめ、オンラインサロンのメンバーが腕によりをかけて育てたビカクシダを一挙掲載。日本で育てあげた美しい株の姿と品種の特性、さらに各栽培家の考え方や育成法をまとめる。

COLLECTION NO. 1

JENNY

ジェニー

Platycerium willinckii 'Jenny'

栽培者／野本栄一（SmokeyWood）

タイの育種家Yot氏が手がけたウィリンキーのドワーフ種。スーパードワーフのさきがけ的な品種としても知られる。トリコームの多い白い胞子葉は、短くて多分岐、適度に伸びる貯水葉が特徴。2017年に初入荷した当初は、比較的水やりを控えめにした攻めの育成をしていたが、うまく生長しなかったため、子株を採ってリセットし、異なる育成法で状態よく育った株。

COLLECTION NO. 2

ALICE

アリス

Platycerium willinckii ‘Alice’

栽培者／野本栄一（SmokeyWood）

ウィリンキーの胞子培養株による選抜品種。コンパクトにまとまる草姿で、左右に広がって下垂する胞子葉と、上部に伸びる切れ込みの深い貯水葉とのバランスがよい。

COLLECTION NO. 3

IZANAGI & IZANAMI

伊弉諾(いざなぎ)　伊弉冉(いざなみ)

Platycerium willinckii 'Izanagi'　*Platycerium willinckii* 'Izanami'

栽培者／野本栄一（SmokeyWood）

インドネシアのとある山で採取されたワイルドのコンパクトタイプ。野本氏と親交のある爬虫類のシッパーが撮った生体の写真を見たところ、その後ろにいままで見たことのない奇妙なビカクシダが写り込んでいたという。まわりはウィリンキーが群生する場所で、木の中層の横枝にその奇妙な株は着生していた。さらに分離した異なる場所にも同様の株があり、それぞれの子株を採取してもらう。その後、1年半ほど育てたものがこの個体だ。おそらく何らかの影響で突然変異を起こした個体群だと思われる。

伊弉諾（2023.9.1）

伊弉諾（2023.5.11）

これには神がかった出会いを感じ、「伊弉諾」「伊弉冉」と名づけた。生長後はしばらく小さな胞子葉がまとまる形で展開していたが、徐々に伸長して下垂し、現在が最終形態と思われる。栽培は自生する環境に準じた育てかたを基本に、高温を避け、風通しよく育成している。肥料は有機肥料のみを与え、光は光合成しやすい赤色系のLEDをよく当てている。今後はこの株のポテンシャルを損なうことなく育成し、群生させるのが目標。現地で見られた光景を再現させていく予定だ。

伊弉冉（2023.5.11）

伊弉冉（2023.9.1）

COLLECTION NO. 4

DIAO

ディアオ

Platycerium 'Diao'

栽培者/野本栄一(SmokeyWood)

ベイチーとヒリーの交配によって生まれ、お互いの特徴的な要素を遺伝させた品種。コンパクトで愛らしいフォルムが魅力だ。強健な親の性質を受け継いでいるので、栽培は比較的容易。

COLLECTION NO. 5

UNICORN

ユニコーン

Platycerium 'Unicorn'

栽培者／野本栄一（SmokeyWood）

一角獣の角を思わせるような上に伸びる胞子葉が特徴のユニコーンは、ベイチー'シルバー'の選抜品種。真上からやや強めの光を当てて育てたい。

COLLECTION NO. 6

CALM

カーム

Platycerium willinckii 'Calm'

栽培者／野本栄一（SmokeyWood）

BOSSの胞子培養株から選抜された美しい小型種。明るいグリーンの胞子葉が特徴で葉先が細かく分岐し、胞子をつけると外側にカールする。

COLLECTION NO. 7

ALCICORNE VASSEI

アルシコルネ バッセイ

Platycerium alcicorne vassei

栽培者／野本栄一（SmokeyWood）

アフリカ大陸東部とマダガスカルに自生する原種のアルシコルネ。なかでもマダガスカル産のアルシコルネはバッセイと呼ばれ、貯水葉に波打つような溝が入る。この株の育成は7年ほどで、子株をとらず、自然なスタイルを維持している。

COLLECTION NO. 8

ELLISII

エリシー

Platycerium ellisii

栽培者／野本栄一（SmokeyWood）

エリシーは、マダガスカル東沿岸部に自生する原種。光沢のある丸い貯水葉と、分岐が少ない幅広の胞子葉を持つ。枝状のコルクに着生させた株は、子株をつけた群生株に。

COLLECTION NO. 9

QUADRIDICHOTOMUM

クアドリディコトマム

Platycerium quadridichotomum

栽培者／野本栄一（SmokeyWood）

あまり流通しないマダガスカル産の原種。自生地は雨季と乾季がはっきりした地域で、乾季に休眠する。日本では冬を乾季に見立て、水を切る（月に1回程度の水やり）と、胞子葉の両サイドから内側に巻いて枯れたような形態に。春に気温が上がると葉を元に戻して活動をはじめる。

冬の休眠期

COLLECTION NO. 10

AURBURN RIVER

アーバンリバー

Platycerium veitchii 'AurburnRiver'

栽培者／野本栄一（SmokeyWood）

オーストラリア東部と東南アジアに自生するベイチーの選抜株。星状毛に覆われた細長い胞子葉は立ち上がり、深い切れ込みをもつ貯水葉も印象的。群生させると尖った葉がたくさん伸びて見応えのある姿になる。

COLLECTION NO. 11

HAWAIIAN WILD

ハワイアンワイルド

Platycerium 'HawaiianWild'

栽培者／野本栄一（SmokeyWood）

ハワイのオアフ島に自生していた株を採取して育てた個体。ビフルカツム由来と考えられ、丈夫で管理しやすいタイプ。胞子葉はやや細く、深い切れ込みが入った先端が下垂する。

COLLECTION NO. 12

BIFURCATUM

ビフルカツム

Platycerium bifurcatum

栽培者／野本栄一（SmokeyWood）

美容室の看板として用いられているビフルカツムの群生株。直射日光が当たり、雨ざらしの屋外管理だが、ビフルカツムなら、そうした過酷な環境にも耐えて生長してくれる。コルクは幅120cmほどの巨大サイズ。

MY METHOD　野本栄一（大阪府在住）

SmokeyWoodの代表で、オンラインサロンの主催者である野本さん。BOSSの愛称で親しまれているが、輸入株を販売するだけではなく、栽培家としても一目置かれる存在だ。入手困難な原種のほか、個性的な選抜株や交配種を多数所有し、引き締まった美しい姿に育てている。コルクに着生させたナチュラルなアレンジにもこだわりをみせる。栽培環境は、室内、温室、屋外に、それぞれのスペースをもち、品種に合わせた育成を行う。おもにドワーフ種は室内のLED管理で、原種系は日当たりのよい屋上温室、ベイチーやリドレイ系統は遮光下の外管理に分けられる。LEDは育成に適したタイプが必要で、オリジナルの「グランソーレ」をメインに均一な光を当て、他社製のLEDも併用している。水やりは、水苔が乾いたら貯め水に株をつけるソーキングスタイル。水は酸素量の多い新鮮な水を与えている。肥料は有機質肥料のP.FOODが基本。葉を大きくしすぎる液肥はあまり使用していない。

COLLECTION NO. 13

SS FOONG

エスエスフーン

Platycerium 'SS Foong'

栽培者／出口一実（d.g.c_8）

Foong氏がつくり出した人気種のひとつ。胞子葉の先が数多く分岐するのが特徴だが、この株は胞子葉が比較的短く、コンパクトにまとまっている。

COLLECTION NO. 14

HORNE'S SURPRISE

ホーンズサプライズ

Platycerium 'Horne's Surprise'

栽培者／出口一実（d.g.c_8）

マダガスカリエンセとアルシコルネ・バッセイの交配種。貯水葉と胞子葉にそれぞれの特徴があらわれている。比較的育てやすく、初心者でも安心して栽培できる。

MY METHOD　出口一実（大阪府在住）

約40株を所有。形のよい姿に育てるには、できるだけ均等に光を照射することがポイント。育成場所は、春は南向きバルコニー、夏〜秋は北向きバルコニー（マンションの真上を陽が通るので日照時間が一番長く取れるため）、冬は室内（LED照射とサーキュレーター、シーリングファン使用）で管理する。春は気温20℃を超えるころから室内から屋外に管理を切り替え、夏は屋外で遮光ネット65%程度のものを使用。秋は気温が下がってくるころ（最低18℃ぐらい）まで屋外で管理し、それ以降は室内に取り込む。水やりは水苔が乾いたらしっかりと。固形肥料はマグァンプやペンタガーデンプロ、バットグアノ、液肥は微粉ハイポネックスを使用している。

COLLECTION NO. 15

KHUNPHON

クンポン

Platycerium hillii 'Khunphon'

栽培者／Akio（Akio_magic）

ヒリーの園芸品種で胞子葉のうねりが特徴。光沢のある幅広の葉が美しく、コンパクトにまとまった株に仕上げている。半筒コルクを斜めに使って単調にならないようなアレンジの工夫も見られる。今後は左右の子株を生かし、群生させていく予定だ。

MY METHOD　Akio（大阪府在住）

クンポンのほかに、リドレイやE-1、コットンクラウド、風神、ジェイドガールなどを育てる。育成場所はリビングとベランダ。春と秋はベランダで遮光なしで日光に当て、夏と冬は屋内でLED管理とし、少しずつ環境を変えている。LEDは質より量を重視して、なるべく広い光を当てるようにしている。照射時間は17時間。室内では24時間サーキュレーターを稼働。水やりは株を持ち上げて軽くなっていたらシャワーでたっぷり灌水する。肥料は、板替え時に有機質肥料のP.FOODと遅効性化成肥料を仕込み、液肥は数カ月〜半年に1度与えている。

COLLECTION NO. 16

FUJIN

風神（ふうじん）

Platycerium hillii 'Fujin'

栽培者／森田訓光（kunimo777.plants）

ヒリーの園芸種。原種よりも胞子葉は短めで、立ち葉全体が波打つようにうねるのが特徴。ヒリー系は大きくすると見栄えがよくなるので、大きめの板状コルクに着生させている。

COLLECTION NO. 17

JYNX

ジンクス

Platycerium 'Jynx'

栽培者／森田訓光（kunimo777.plants）

タイから導入されたヒリー系の交配種。幅広の光沢のある葉が美しい。大株に生長すると、胞子葉の先端が下垂する。

MY METHOD　森田訓光（大阪府在住）

基本的に室内で育成。春から秋にかけて天気のよい日はベランダに出すこともある。室内育成ではLEDで1日11時間照射。壁から50㎝ほど離した天井付けのダクトレールからスポット型のLEDを使用している。ベランダでは50%の遮光ネットを張り、東向きを背に配置。水やりはコンポストが乾いたら行い、室内ではソーキング。ベランダに置いているときはシャワーで。水道水はアクアリウム用の浄水器を通しカルシウム分が葉に残らないようにしている。固形肥料は板替えのタイミングで適量。液肥は水やりの際、数回に1度ソーキング用バケツに入れている。

COLLECTION NO. 18

PEGASUS

ペガサス

Platycerium 'Pegasus'

栽培者／長谷川望（no20m_h）

ダイバーシフォリウムとウィリンキーの交配種。深い緑色の胞子葉は上向きで途中から下垂し、まるでペガサスのように翼を広げたような形状になる。品種の個性がしっかり表現されている。

COLLECTION NO. 19

METEOR SHOWER

メテオシャワー

Platycerium 'Meteor Shower'

栽培者／長谷川望（no20m_h）

ピューチャンとマウントルイスの交配で誕生した園芸品種。深い切れ込みのある胞子葉が放射状に伸びて、バランスのよい株に仕上がっている。

COLLECTION NO. 20

AKKI

アッキー

Platycerium veitchii 'Akki'

栽培者／長谷川望（no20m_h）

ベイチーのシルバーフロンドとベイチーワイルドの交配種。複数に大きく分岐する胞子葉がアッパー気味に伸びて、バランスよく広がっている。

COLLECTION NO. 21

UNDULATE FRONDS

アンデュレイトフロンズ

Platycerium alcicorne 'Undulate Fronds'

栽培者／長谷川望（no20m_h）

マダガスカル産のアルシコルネから選抜された品種。かなり珍しいタイプのビカクシダで、胞子葉の葉先だけではなく、根元からうねるような葉が展開する。とてもクセのある草姿が印象的な株だ。

MY METHOD　長谷川望（大阪府在住）

形よく育てるコツは、光と風をバランスよく当てること。置き場所は、春から秋にかけてはおもにマンションのベランダ（南向き）で管理し、一部は室内で育てている。冬はすべての株を室内に移動させる。光については、外管理の株に対しては、直射日光を当てないように遮光率60％の遮光ネットを使用。室内管理の株に対しては、植物育成LEDライトを13時間照射。水やりのタイミングは、水苔の状態と株の重さで判断し、乾いているようなら浴室でシャワー灌水する。室内ではサーキュレーターを常に使用するが、株には直接は当てずに天井に向けている。肥料は、春に固形肥料を水苔の上と貯水用の間に与え、２週間に一度程度液肥を与える。

COLLECTION NO. 22

KRAKEN

クラーケン

Platycerium 'Kraken'

栽培者／北浦翔心

ヒリーのドルモンドとフラハンズを交配させた品種。ヒリー系特有の光沢のある幅広の胞子葉が無数に展開する群生株だ。タイから輸入された小さな株を3年ほどかけて大きく仕上げた。肥料は多めに施し、固形と液体肥料を定期的に追肥している。

COLLECTION NO. 23

DRAGON

ドラゴン

Platycerium 'Dragon'

栽培者／北浦翔心

ヒリーの園芸品種ドラゴンの胞子培養株。大きく広がる胞子葉をたくさんつけ、ボリューム感のある大株に仕上げた。

COLLECTION NO. 24

PAOPAO × DRAGON

パオパオ×ドラゴン

Platycerium hillii 'Paopao × Dragonr'

栽培者／北浦翔心

ヒリーをもとにした園芸品種同士の掛け合わせ。胞子葉の先端は分岐して細長くなり、前に垂れ下がる。こちらも葉の数が多くてボリュームある姿に育成した。

COLLECTION NO. 25

FIRE CRACKER

ファイヤークラッカー

Platycerium 'Fire Cracker'

栽培者／北浦翔心

ビフルカツム系統の園芸品種。冬に展開した胞子葉は下に垂れ下がり、夏の葉はアッパーぎみに生長。自然感のあるダイナミックな仕上がりに。

MY METHOD　北浦翔心（奈良県在住）

栽培環境の理解、管理方法、株の状態を合わせながら育てていくことを理想とし、存在感のある大株や群生株に仕上げるのがモットー。年間を通して南向きの庭の温室で管理し、太陽光だけで育てる。水やりは、子株や生長優先株は水苔が乾く手前でソーキング。親株やつくり込み株については、胞子葉ターンのときは乾かしぎみに、貯水葉ターンのときには乾ききる手前で水を与える。風通しについては、熱と空気がこもらないよう天面付近に小型アルミ扇、全体を動かすように工場扇を下からやや上向きに設置して空気全体が動くようにしている。肥料は固形有機肥料を春、秋、冬に。株の様子を見ながら7〜8月を除いて有機液肥を並行して与え、とくに貯水葉ターンは次の胞子葉に向けて液肥の頻度を上げる。いずれの場合も希釈は薄めにして活力剤を併用。

COLLECTION NO. 26

JADE GIRL

ジェイドガール

Platycerium willinckii 'Jade Gir'

栽培者／babyface (baby_face_1107)

インドネシアのジャワ島で採取され、台湾からリリースされたスーパードワーフ種。コンパクトな貯水葉と、分岐が多く左右に広がる繊細な胞子葉が魅力。台湾では「玉女」と表記される。胞子培養株が出回りはじめ、少しずつ流通量が増えている。

COLLECTION NO. 27

GOLDBOY

ゴールドボーイ

Platycerium willinckii 'Gold Boy-'

栽培者／babyface (baby_face_1107)

ジェイドガールと対をなすドワーフ種としてゴールドボーイ「金童」と名づけられた品種。株の形態や性質は似ているが、ジェイドガールよりもひとまわり小さく、よりコンパクトにまとまる反面、分岐は多い。

COLLECTION NO. 28

FISHBONE

フィッシュボーン

Platycerium 'Fishbone'

栽培者／babyface (baby_face_1107)

ウィリンキー系品種の胞子培養から現れた突然変異種。葉脈に沿って柄が浮き出るまったく新しいタイプのビカクシダで、かなりの稀少種。今後どのような生長を遂げるのか楽しみな株だ。流通するサイズが小さく、苗の性質が弱いこともあり栽培難易度は高い。

COLLECTION NO. 29

YELLOW MOON DWARF

イエロームーンドワーフ

Platycerium willinckii 'Yellow Moon Dwarf'

栽培者／babyface (baby_face_1107)

タイで誕生した胞子培養株のドワーフ選抜。星状毛で覆われたやや幅広の胞子葉の先端は、数多くの分岐が見られる。

COLLECTION NO. 30

EMMA

エマ

Platycerium 'Emma'

栽培者／babyface (baby_face_1107)

タイから輸入された品種で交配は不明。細長く伸長する胞子葉は不規則に暴れるが、規則性をもったうねりが見られておもしろい。

MY METHOD babyface（大阪府在住）

栽培は自生地の環境に近づけるだけでは不十分。光や水、肥料、温度など、育成の条件を整えることで、自生地では見られない、株が本来もっているポテンシャルを引き出すことができる。その育成条件はいろいろな工夫をしながら試して、ちょうどよいストライクゾーンを探すしかない。たとえば肥料についていうと、チッ素、リン酸、カリウムの3大要素のなかでは、根を状態よく育てるリンとカリが重要で、チッ素分多くならないように肥料を与える。現在元肥には化成肥料を使い、2～3カ月に一度は必ず固形肥料の追肥を行う。追肥は定期的に少量ずつ行うのがよい。間隔をあけて行うとムラができてしまい、葉のバランスが崩れやすい。冬の低温期の施肥は控えめにする。

COLLECTION NO. 31

E-1

イーワン

Platycerium bifurcatum 'E-1'

栽培者／吉本昭生

暑さや寒さに比較的強いビフルカツムをベースにした園芸品種で育てやすい。星状毛が多い白い胞子葉が特徴。多分岐で美しい葉の広がりを見せている。

COLLECTION NO. 32

KHUNPHON

クンポン

Platycerium hillii 'Khunphon'

栽培者／吉本昭生

幅が広く堅めの葉が上部に伸びるヒリーの園芸品種。うねりを表現する葉が放射状にきれいに伸びている。貯水葉も大きくなりやすい。

COLLECTION NO. 33

MANORA

マノラ

Platycerium 'Manora'

栽培者／吉本昭生

タイから輸入された園芸種。細い胞子葉が四方に広がるタイプで優雅な印象を与える。胞子葉の先端は少しカールする。

COLLECTION NO. 34

OMO

オモ

Platycerium 'Omo'

栽培者／吉本昭生

ウィリンキーとダイバーシフォリウムの交配種。立派な胞子葉が伸びる品種で、肉厚な葉はたくさんの星状毛で覆われて白く見える。

MY METHOD　吉本昭生（大阪府在住）

こまめな観察と快適な環境づくりが美しく育てるポイント。ビカクシダの育成は、完全室内で行っている。栽培ルームでは、部屋のカーテンを全開にしてできるだけ自然光を取り込み、それと同時に植物用のLEDを日の出から日の入まで使用している。水やりは、水苔の乾きと葉の調子を見ながら、シンクを使ってシャワーで与える。風通しについては、シーリングファンとサーキュレーター3台を使って、さまざまな方向から風が当たるようにしている。肥料はP.FOODとマグァンプKを使用。板替えのときや子株をはずしたタイミング、さらに定期的な追肥も行う。

COLLECTION NO. 35

CALM
カーム

Platycerium willinckii 'Calm'

栽培者／ryogabc

ウィリンキーのスポアから出た選抜品種。すらりと伸びる胞子葉が印象的で、葉の先端は扇形になって細かな分岐が見られる。品種の特徴をしっかりと引き出して美しい株に仕上げた。

MY METHOD　ryogabc（沖縄県在住）

形よく育てるコツは光を均等に当てること。仕立ての際には、水苔を盛りすぎず、なるべく早く板やコルクに根が到達するように気をつけている。栽培している場所は室内。温度は年間を通してエアコンで25℃をキープ。LEDは15時間照射で、株の真上からと、少し前から当てている。週1回ほど、外に出して日光浴も。水やりは小さめの株だと3日に1回、大きめの株だと7〜10日に1回程度。お風呂場のシャワーを利用して、中までしっかり水を含むようにしている。風通しについては、サーキュレーターを使用し、首振りで、胞子葉が多少揺れるくらいの風の強さで回している。肥料は固形タイプを2〜3種類混ぜて貯水葉の裏に置く。液肥も定期的に使用する。

栽培者／土肥淳

MY METHOD　土肥淳（福井県在住）

ワリチーのほか、リドレイやグランデ、エレファントティス、ステマリアなど原種を多く育成している。栽培のポイントは安定した環境づくりと定期的な水やり、追肥。置き場所は6〜10月は屋外、11〜5月は室内管理。外管理は最低気温15℃を目安にしている。北陸地方では夜の冷え込みが厳しいので外管理の期間は短めになる。室内のLED管理では植物全体を照らす広角ライトとスポットライトを混ぜて利用（ピンポイントに光を当ててしまうと葉が集中してしまうため）。屋外では遮光ネットを利用し、日照時間中ずっと光が当たる南向きで管理している。肥料は固形＆粉末タイプを植え替え時に使用。液体肥料は規定倍率より薄めて週1回。育成期は葉面散布も週2回行う。

COLLECTION NO. 37

TENTEN

テンテン

Platycerium 'Tenten'

栽培者／早川剛史

ウィリンキーの園芸品種ベイレイとマウントルイスを交配させた品種。大株に生長するとハンズアップした胞子葉の先が下垂するようになる。子株を左右につけた阿修羅タイプの株で、そのまま群生する姿を楽しむ予定だ。

COLLECTION NO. 38

JADE GIRL

ジェイドガール

Platycerium willinckii 'Jade Gir'

栽培者／早川剛史

ワイルド由来といわれるドワーフ種の胞子培養株。とくに小型種は板付けにされて栽培されることが多いが、ダイナミックなコルクに着生させることで、自然なオブジェとしてその存在価値を増す。

MY METHOD　早川剛史（山梨県在住）

温室と室内で約30種類ほどのビカクシダを育成。温室は自然光とLEDも併用して、15時間照射。室内では14時間照射。水やりは水苔が乾いてきたらたっぷりと。サーキュレーターを完備し、全体の空気が回るように設置している。肥料は有機質肥料のP.FOODのほか、化成肥料のIB肥料、液肥のハイポネックスを利用している。

COLLECTION NO. 39

FIRE CRACKER

ファイヤークラッカー

Platycerium 'Fire Cracker'

栽培者／牧野泰士

ビフルカツムとダイバーシフォリウムの交配して生まれた園芸品種。切れ込みの深い緑色の胞子葉は、生長すると不規則にうねるようになる。コルク2つを組み合わせて、V字型にし、接合部に株を付けて、立ち葉のシルエットが際立つように仕立てている。

MY METHOD　牧野泰士（静岡県在住）

形よく育てるコツは、よく風に当てること。ただサーキュレーターなどは使わず、風通しのよい環境で栽培している。冬期以外は屋外管理を行う。深い軒下で管理しているため、とくに遮光による日よけ対策は行っていない。冬期は夜間LEDを使用するが、日中は窓辺に置くなど、できるだけ室内でも太陽光に当てるようにしている。肥料はP.FOODを基本に、暑い時期やバテぎみだと感じたときは、液体肥料を与えている。

COLLECTION NO. 40

AURBURN RIVER

アーバンリバー

Platycerium veitchii 'AurburnRiver'

栽培者／carrie (carrie_bambi_bikaku)

ベイチーの選抜品種。アッパーな胞子葉と、深い切れ込みで鋭く尖る貯水葉が見事な株。三角形の木枠にコルクを敷き詰め、着脱可能なビカクシダの卓上ディスプレイスタンドを制作し、インテリアとの融合を図っている。

COLLECTION NO. 41

RIDLEYI

リドレイ

Platycerium ridleyi

栽培者／carrie (carrie_bambi_bikaku)

立派に育ったリドレイは、強い光と強めの風を回して育てた株。独特な形状のコルクに着生させ、アイアンスタンドで自立するスタイルに。「お座りリドレイ」と呼んでいる。

COLLECTION NO. 42

BALI JEERAWAT

バリ・ジェラワット

Platycerium Willinckii 'Bali Jeerawat'

栽培者／carrie (carrie_bambi_bikaku)

ウィリンキー特有の下垂する胞子葉だが、星状毛はやや少なめで、全体がゆるやかにうねる。先端が細かく分岐するのが特徴で、繊細な印象を与える。

MY METHOD carrie（東京都在住）

光の当てかたと風の具合を変えることで、品種ごとの特性を引き出し、株の形はできるだけシンメトリーになるように導いている。株はすべて室内管理で、3畳程度のグロールームをDIYでつくり、おもにそこで管理している。LEDは1日15時間照射。全体が均一な光になるように設置し、新芽を導きたいときなどは配置替えを行っている。水やりは湿度を好む株は乾ききる前に、そうでない株はしっかり乾いてから。サーキュレーターと扇風機を使用して風通しをよくしているが、品種によって直風の場合と、空気が滞らない程度の場合とに区別している。肥料は固形・液体どちらも使用。よく活動する時期には頻度を高めに与えている。

HAKA

ハカ

Platycerium bifurcatum 'Haka'

栽培者／金森正紘

ビフルカツムの選抜株。野外でも丈夫に育つ強健種で、光沢のある緑色の胞子葉をたくさん出す。子株も増えているので、群生株として育てていく。

COLLECTION NO. 44

PEGASUS

ペガサス

Platycerium 'Pegasus'

栽培者／金森正紘

ベイチーとダイバーシフォリウムの交配種で、立ち上がる長い胞子葉が翼を連想させる。通常の品種よりも分岐が多く、冬期以外は外で管理している。

COLLECTION NO. 45

BIFURCATUM × WILLINCKII

ビフルカツム×ウィリンキー

Platycerium bifurcatum × willinckii

栽培者／金森正紘

ビフルカツムとウィリンキーを交雑させて生まれた株。通常のビフルカツムよりも胞子葉が長くて繊細な雰囲気。貯水葉は先端が立ち上がるウィリンキータイプ。

COLLECTION NO. 46

FAT PRINCESS

ファットプリンセス

Platycerium willinckii 'Fat Princess'

栽培者／金森正紘

ウィリンキーの胞子培養株からの選抜品種。星状毛に覆われた胞子葉の幅がとても広く、左右に広がる姿が個性的。

MY METHOD　金森正紘（東京都在住）

形のよい株に育てるために、光の当たりかたが偏らないよう、日によって置き場所を変えるほか、葉の出る方向を矯正することもある。春夏秋は南向きのベランダで管理する（夏のみ遮光）。冬期や雨風の強いときなどは室内に取り込んで管理し、LEDを12時間ほど照射している。水やりはひとつひとつ触って水苔の内部が乾いていると感じたら、夕方から夜の時間帯に行う。室内管理の際の風通しは首振りリズム送風で満遍なく。肥料は固形を苔増しの際と、季節の変わりめ（冬以外）のタイミングで追肥する。液肥は3〜4か月に1回水やりの際に与えている。

COLLECTION NO. 47

MASERATI

マセラティ

Platycerium 'Maserati'

栽培者／齊藤英成（hidebowwow）

ヒリーのパオパオとマウントルイスをかけ合わせた品種で、大きな株に生長するタイプ。胞子葉ははじめ上に向かって立ち上がり、徐々に下垂していく。

COLLECTION NO. 48

SWORD

ソード

Platycerium 'Sword'

栽培者／齊藤英成（hidebowwow）

シルバーベイチーとウィリンキーの交配種で、すらりと上に向かって伸びる胞子葉が特徴。今後は子株をはずさずに群生株として育てていく。

COLLECTION NO. 49

HAWAIIAN WILD

ハワイアンワイルド

Platycerium 'Hawaiian'

栽培者／齊藤英成（hidebowwow）

ハワイのオアフ島で独自に採取したオリジナル品種。ビフルカツムに似た胞子葉を展開させるが、貯水葉の先端には深い切れ込みが入り、独特な姿を表現している。

COLLECTION NO. 50

RIDLEYI

リドレイ

Platycerium ridleyi

栽培者／齊藤英成（hidebowwow）

カリマンタン島のワイルド株。特徴的な貯水葉が水苔をきれいに覆い、胞子葉が四方に広がる。長さ80cmほどの大きなコルクに着生させ、ワイルド感をさらに演出。

MY METHOD　齊藤英成（東京都在住）

ビカクシダの仕立てではコルクへの着生が醍醐味だが、今の状態だけではなく生長した姿を想像しながら着生させることが大切。形よく育てるコツは光、風、水を株ごとに理解し、毎日観察すること。栽培スペースは部屋のリビングとベランダ。ベイチー系は外管理で、その他は室内にて管理を行う。最低気温が10℃を下回ったら室内へ。室内スペースではLEDを数種類設置し、日の出から日の入りまで照射。水やりの頻度と方法は株の種類や大きさによって大きく異なる。子株は夏の間は毎日。ある程度大きい株は水苔がカリカリになる程度で水やりを行う。肥料は春、夏、秋に、元肥もしくは追肥として、P.FOOD、IB肥料 、マグアンプKを使用している。

COLLECTION NO. 51

INFINITY

インフィニティ

Platycerium 'Infinity'

栽培者／岡田玄也（gen_201702）

ヒリーのTT1とウィリンキーの交配種。力強い立ち葉と、切れ込みの深い胞子葉が特徴。親株では、ここからさらに葉の先端が細くなって、くるくるとカールするようになるという。

COLLECTION NO. 52

BANNA #J

バンナ

Platycerium 'Banna #J'

栽培者／岡田玄也（gen_201702）

一般的に流通するバンナ#Aでは、葉先が分岐して扇型にきれいに広がるのに対し、日本初リリースとなったこの#Jは、葉先がうねるのが特徴。存在感のある株に仕上げている。

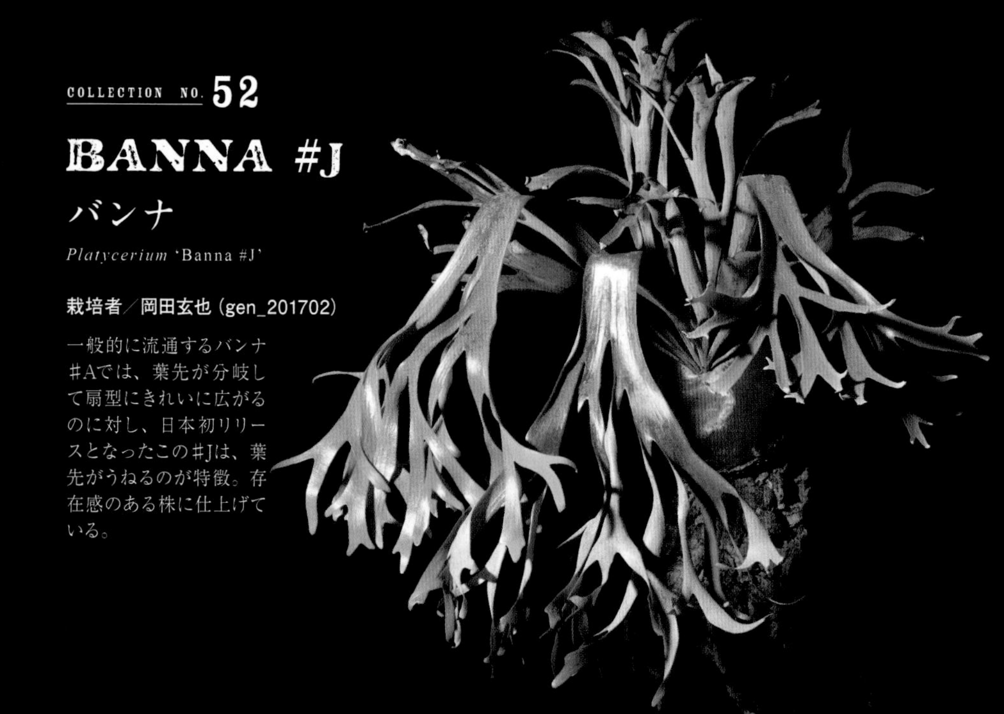

COLLECTION NO. 53

DRAGON × MASERATI

ドラゴン×マセラティ

Platycerium 'Maserati'
Platycerium hillii 'Dragon'

栽培者／岡田玄也 (gen_201702)

マウントルイスの血が入るマセラティの胞子まきとヒリー・ドラゴンの組み合わせ。ヒリー特有の葉の光沢がきれいで、幅広の葉が徐々に下垂していく。

COLLECTION NO. 54

PEWCHAN COMPACT

ピューチャンコンパクト

Platycerium 'Pewchan compact'

栽培者／岡田玄也 (gen_201702)

トリコームに覆われた白い胞子葉が魅力。ベイチーのシルバーフロンドとウィリンキーで交配したピューチャンの胞子まき選抜株だ。名前のとおりコンパクトだが、迫力ある姿に生長する。

MY METHOD　岡田玄也 (東京都在住)

コルク付けについては、なるべく自然に見えるように心がけ、切り口の直線が見えたり、枝が不自然に付け足されていたりしないようにしている。さらに株とコルクのバランスを見て、立体的に仕立てて存在感を出すようにする。育成場所は完全室内で、エアコンと扇風機は24時間稼働させ、室温が通年20～26℃になるようにキープ。LEDライトは1日13時間照射し、1株につき2灯ずつライトが当たるように配置し、胞子葉が左右対称に生長するよう心がけている。冬期の水やりはぬるま湯を使用。時間は夜に統一し、LEDライトが消える21時以降に灌水している。肥料は元肥で遅効性の固形肥料、追肥では有機肥料を茶パックに入れて株の上に置いている。

COLLECTION NO. 55

WHITEBIFUR

ホワイトビフル

Platycerium bifurcatum 'White'

栽培者／kei_bika

ビフルカツムの選抜株で、細かな星状毛が胞子葉を密に覆っている。コンパクトな葉は、アッパーで生長したあと先端は四方に広がり、美しい草姿にまとまっている。

COLLECTION NO. 56

FSQ

エフエスキュー

Platycerium 'FSQ'

栽培者／kei_bika

星状毛の覆い白い胞子葉は幅が広くてコンパクト。全体が波打つように生長し、胞子がつくと葉先の分岐が増えるという。通気性のよいフレーム仕立ては頻繁な水やりが必要になるが、根の成長スピードは比較的速い。

COLLECTION NO. 57

NANGNON

ナンノン

Platycerium 'Nang Non'

栽培者／kei_bika

ヒリー系のダイバーシフォリウムとベイチーをかけ合わせてつくられた園芸品種。コンパクトに広がる分岐の覆い胞子葉と、上部が尖って立ち上がる貯水葉が見事。

MY METHOD　kei_bika（東京都在住）

株を仕立てる際、以前は子株を多く採るため、水苔を多めにしていたが、最近は引き締まった株に育てるため、水苔を平たく盛り、多くしすぎないようにしている。形よく育てるためには、LEDと太陽光をバランスよく当てること。育成場所は、室内（LED）と南向きベランダ（遮光約70%、冬以外）で行っている。LEDは1日13時間程度照射。立ち葉にしたいベイチー系などはライトの近くに配置。ベランダでは日照時間が短くなる季節には室内に取り込んでLEDを追加で当てることもある。水やりは、株のサイズと水苔の量で乾きやすさが異なるため、その乾き具合で判断。中株以上は、夏は水苔の下部が乾いたら、それ以外の季節は育てかたによって乾いた数日後に与えることも。子株は乾き切る前に灌水する。肥料は板付けするときにP.FOODと固形の化成肥料を。夏は1カ月に1回ほど、それ以外は1カ月に2～3回ほど液肥を与えている。

COLLECTION NO. 58

QUADRIDICHOTOMUM × ALCICORNE

クアドリディコトマム×アルシコルネ

Platycerium quadridichotomum ×
Platycerium alcicorne madacascar

栽培者／杉田貴之

クアドリとアルシコルネ・マダガスカルの交配種。やや丸みのコンパクトな胞子葉は、少しうねるように伸長する。休眠はしない。

COLLECTION NO. 59

HELA

ヘラ

Platycerium ‘Hela’

栽培者／杉田貴之

ピューチャン（ベイチーシルバーフロンド×ウィリンキー）と‘Boonchom’（アンディナム×クアドリディコトマム）の交配によって作出された品種。貯水葉の大きな立ち上がり、細い胞子葉もアッパーぎみに生長する。

MY METHOD　**杉田貴之（東京都在住）**

形よく育てるには、なるべく子株を外さないようにすること。貯水葉の下半分の丸みは子株と親株が重なってできた丸みになるように。子株はビカクシダに奥行き感も与えてくれる。育成場所はリビングの一角で、いつでもビカクシダを見られるようにしている。LEDは30W1灯と20W2灯で育成。LEDは1日16時間照射している。水やりは中〜大株については1週間に1回かそれ以下。持ち上げて軽ければ水やりを行う。季節の変わり目に有機質肥料のP.FOODを投入。コルクにつけてからはできるだけ苔増しする形での追肥はせず、たまに緩効性の化成肥料を少量入れている。通常の水やりの際、たまに液体の活力剤、冬は活力剤に加えて液肥も与えている。

COLLECTION NO. 60

FULLMOON

フルムーン

Platycerium 'Fullmoon'

栽培者／村松健太郎

ヒリードラモンドウェーブとダイバーシフォリウムの交配種。幅の広い胞子葉には、星状毛が無数につき、銀色のような葉を広げる。胞子がつくと先端がねじれてくる。

COLLECTION NO. 61

HARUSAME

ハルサメ

Platycerium 'Harusame'

栽培者／村松健太郎

ベイチーのレモイネイとウィリンキーを交配させた園芸品種。細い胞子葉が長く伸長するのが特徴で、バランスのよい形の貯水葉も楽しめる。

MY METHOD　村松健太郎慧（東京都在住）

形をよく育てるために、水やりのタイミングと光の当て方を気にかけている。育成場所については室内と屋外を併用。 フルムーンは室内 、ハルサメは軒下で管理している。春と秋はできるだけ屋外管理で、冬は多くを室内に取り込んでいる。室内管理のLEDは、全体光が均一になるように設置し、12時間照射。さらにサーキュレーターを使用し、真上に向けて、部屋全体の空気を動かすように回している。肥料は有機肥料と遅効性の化成肥料をメインに与え、たまに液肥も利用する。春先と夏の終わりに、固形肥料は株の上、貯水葉のなかにまく。液肥はバケツで薄めて水やりの際に。

COLLECTION NO. 62

SATTAHIP

サタヒップ

Platycerium hillii 'Sattahip'

栽培者／名久井真

ヒリーの園芸種。タイの育種家Yot氏の代表作としても知られる。原種と比べて幅広で、葉全体が強くうねる性質をもっている。この株は立体的なコルクに着生されているが、コルクと調和するように、株を上向きに仕立てている。力強く立ち上がる胞子葉とのバランスもよい。今後はより迫力のある群生株に仕上げていく。

MY METHOD　名久井真（東京都在住）

できるだけ同じ場所で、安定した環境をつくって育成することを心がけている。育成場所は3階のバルコニー、50%の遮光ネットを使用。冬期はLEDを用いた室内育成で、15時間照射。サタヒップは株が上向きなので、真上から全体的に光を当てている。室内育成期は、24時間サーキュレーターを使用する。肥料は春からの育成期に緩効性肥料を追肥し、1カ月に一度ほど液体肥料を与えている。

COLLECTION NO. 63

ALCICORNE

アルシコルネ

Platycerium alcicorne Madagascar

栽培者／富田潤（jt11_plants）

マダガスカル産のアルシコルネ。すらりと上に伸びる胞子葉が分岐して四方に広がり美しいバランス。波打つ模様の貯水葉も楽しめる。胞子葉がきれいに広がるよう、均等に光が当たる場所に置いている。裏面まで見えるようなひと癖あるコルクがポイント。

COLLECTION NO. 64

HILLII

ヒリー

Platycerium hillii

栽培者／富田潤（jt11_plants）

胞子培養株のヒリーで詳細は不明。きれいにハンズアップした胞子葉が見事で、分岐する幅広の先が前方に下垂する。大きな葉をダイナミックに立たせるため、専用のLEDを1灯追加して真上から当てている。

MY METHOD　富田潤（東京都在住）

ビカクシダをきれいな形状に育てるには、光の量と向きが重要。育成する場所は元仕事部屋で完全室内。壁にビカクウォールをDIYで製作した。30～40株に対してLEDは15灯（ヘリオス、モルセン併用）。1日17時間照射している。下の方の株にも届くようにアーム型形状のソケットを数個取りつけている。サーキュレーターは24時間稼働。上下左右のスイングですべての株に風が届くようにしている。夏のみ冷房を使用し、冬でも最低15℃はキープ。湿度は40～70％程度。肥料は板付けや苔増しの際にマグァンプKとP.FOODを入れている。また、春秋など成長が進む時期には、液肥のハイポネックスを1000倍程度に希釈して水やりの際に与えている。

CHANTHABOON

チャンタブーン

Platycerium 'Chanthaboon'

栽培者／tk_plants2021

リドレイとコロナリウムホワイトの交配種。下垂する胞子葉の先端がくるくるとうねるように生長するのが特徴だ。個性的な胞子葉をたくさん伸ばし、立派な貯水葉をつけた大株に仕上がっている。

COLLECTION NO. 66

MASERATI

マセラティ

Platycerium 'Maserati'

栽培者／tk_plants2021

やや甘めに水を与えて大きく生長させたマセラティ。ヒリー系園芸品種とマウントルイスの交配種だ。胞子葉の立ち上がりよりも、垂れ下がる葉の様子が楽しる株になっている。

COLLECTION NO. 67

FULLMOON

フルムーン

Platycerium 'Fullmoon'

栽培者／tk_plants2021

ヒリーのドラモンドウェーブとダイバーシフォリウムを交配させた園芸種で、幅広の葉が特徴。この株はやや光沢のある緑色の胞子葉で、生長点から上に向かって伸び、きれいに四方へ展開している。

COLLECTION NO. 68

WHITEHAWK

ホワイトホーク

Platycerium 'White Hawk'

栽培者／tk_plants2021

ダイバーシフォリウムとウィリンキーの交配種。星状毛の密度が濃い胞子葉は四方に伸びてやや暴れ、胞子嚢がつくと波打つようにカールする。野趣あふれる立派な株に仕上がっている。

MY METHOD　tk_plants2021（千葉県在住）

おもに庭のフェンスとサンルームで管理しているが、一部は室内でも育成を行う。屋外では、直射日光を避けて50%の遮光ネットを使用。室内ではLEDを使用し、ほぼ真上から15時間程度照射しているが、冬以外は太陽光におまかせ。冬は全株をLEDに当てられないので、いくつかの株をサンルームへ移動させる。冬は成長を止めないように温度は15～20℃は保つよう心がけている。室内管理の場合は、24時間首振りサーキュレーターを稼働。肥料は、大株の群生株の場合、固形のIB肥料を春に一度のせるだけ。子株と中株は、P.FOODと菌根菌を苔増しの際に加える。液肥は、春秋に月1～2回ほど、葉面に散布している。

COLLECTION NO. 69

SWORD

ソード

Platycerium 'Sword'

栽培者／島田智也（kanaloa.tomo.1002）

星状毛に覆われた淡い色の胞子葉がすらりと伸びるソード。原種のベイチーとウィリンキーをかけ合わせた交配種だ。立体的なコルクに着生させることでより自然な雰囲気を演出し、このまま群生株に生長させていくつもりだ。

MY METHOD　島田智也（茨城県在住）

形よく育てるため、胞子葉が密になりすぎないよう、矯正したり、カットしている。栽培は通年、温室管理。株を南側に背を向けて配置している。温室でもLEDライトを設置し通年利用し、とくにベイチー系は真上から光を当てている。温室管理のため温度・湿度のバランスを維持しながら育成している。秋～春は常に20～25℃を維持。水やりは水苔がカラカラになる直前にたっぷりと。白ものビカクは基本的にソーキングで。さらに朝、晩の2回、毎日の葉水を行っている。温室では通年サーキュレーターを使用（夏は工業用の扇風機も導入）。肥料はP.FOODとバイオゴールド、さらにオリジナル天然有機肥料（固形）を、春と秋の年2回与えている。

COLLECTION NO. 70

BAMBI

バンビ

Platycerium 'Bambi'

栽培者／小川光将

タイから輸入された園芸品種で、ピューチャンコンパクトとアテナ#1の交配から生まれた。現地の親株とは姿が異なり、立ち上がる胞子葉をコンパクトに形よく育てている。

COLLECTION NO. 71

WINDBELL

ウインドベル

Platycerium willinckii 'Wind Bell'

栽培者／小川光将

ウィリンキー系の園芸品種で個性的な胞子葉を伸ばす。直線的な葉がすらりと伸びて、先端が多数に分岐し胞子をつけるとうねるように変化する。見応えのある株に仕上げた。

COLLECTION NO. 72

JADEGIRL

ジェイドガール

Platycerium 'Jade Girln'

栽培者／小川光将

台湾からやってきたスーパードワーフの胞子培養株。各葉がきれいに展開し、バランスのよい株姿に。肥料は与えず、やや水を多めに与えて育てた。巻き込みやすい胞子葉のサイドにはメラミンスポンジを使用したという。

COLLECTION NO. 73

RIDLEYI

リドレイ

Platycerium ridleyi

栽培者／小川光将

やや乾かしぎみに育てているというリドレイ。光は強めで、LEDの均一な光が直接真上から当たるように配置している。たくさんの胞子葉が左右に分かれ、真上に向かっていて、全体のフォルムがとてもきれい。Y字型のコルクとのバランスもよい。

MY METHOD　小川光将（茨城県在住）

きれいな形に育てるポイントとして、まず、LEDの強さや向きに注意し、胞子葉展開時には葉の順番が狂わないように葉組みを行う。さらに貯水葉展開初期に貯水葉の妨げになる胞子葉や形の悪い貯水葉をカットしている。栽培スペースは完全室内。南面窓際の自然光が届く壁にフェンスを取りつて壁掛けにしている。LEDは20㎝間隔で、株から最小で50㎝、最大で200㎝ほど離して照射している。当てかたはなるべく株の中心上部から照射するように。温度はエアコンで26～28℃をキープ。サーキュレーターは年間を通して使用し、首振りモードで直接風を当てている。元肥にはIB肥料とP.FOODを。追肥には株の調子を見ながら液体のハイポネックスを使用。

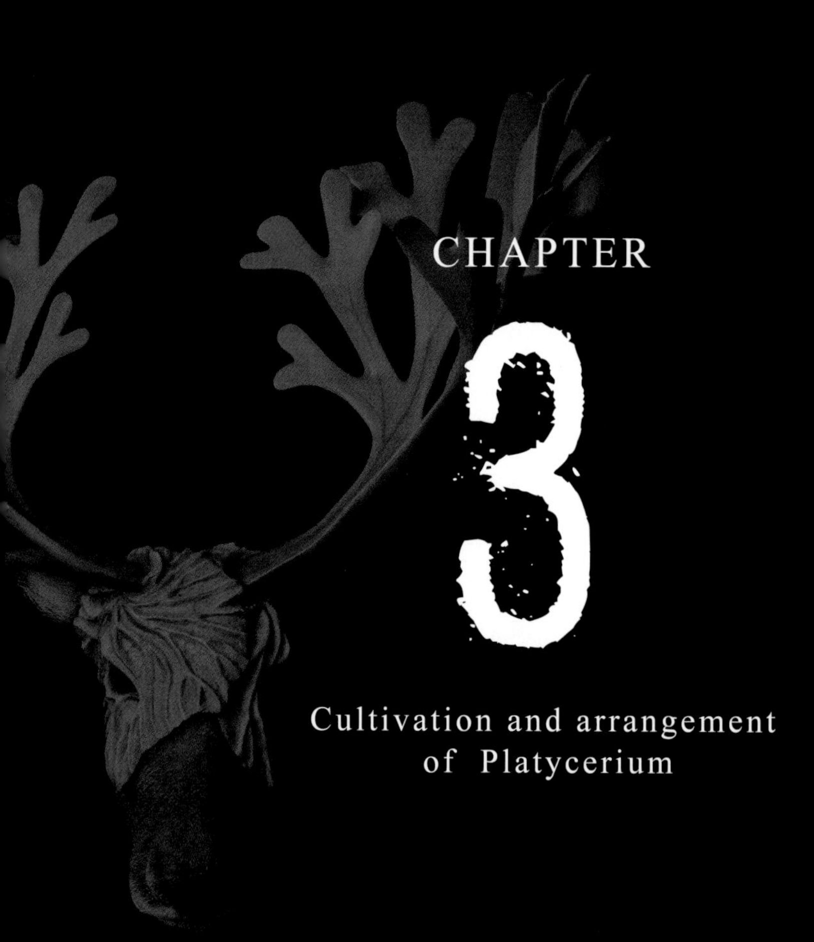

CHAPTER 3

Cultivation and arrangement of Platycerium

ビカクシダの
育成とアレンジ

ビカクシダの基礎知識や基本的な栽培法は同シリーズの『ビカクシダ』を参照してほしい。ここではワンランク上の育成をめざすための考え方や、具体的な栽培法、コルクアレンジのプロセスを紹介していく。

LIGHT

光

光量と、光の質を知り、当てかたの工夫が必要。

植物が光合成をしてエネルギーを得るためには光が必要になる。屋外で栽培する場合は太陽が、室内で栽培する場合には照明器具がその役割を担う。

ビカクシダはシダの仲間なので日陰でも育つと思われがちだが、ある程度の光を当てなければ、美しい姿には育たない。明るさを示す照度でいえば、5000ルクス程度でもどうにか育つが、徒長しないようしっかりした株に育てあげるためには、25000ルクスほど明るさが必要になる。太陽の光に換算すると曇天の午前10時くらいの明るさだ。

ただし、強い直射日光は葉焼けの原因になるので注意。とくに夏の直射日光は危険なので、寒冷紗などで50%程度の遮光が必要となり、冬でも20%程度は直射を遮ったほうが安心だ。

これに対し、室内育成では、太陽光の代わりにLEDライトが用いられる。植物育成用のライトが各種市販されているが、多彩な波長が含まれたフルスペクトルタイプや、光合成を促す赤色系の波長を含んだライトが好ましい。部屋の壁面にフェンスを取りつけ、ダクトレールなどを使って天井からLEDを設置したり、背の高いシルバーラックを使って最上部に設置するなどの方法がある。

もっとも重要なのは光の当てかただ。基本的には、株の真上と斜め前から当たる光が必要だが、さらに株の左右にも同等の明るさがほしい。そうしなければ、胞子葉が光の当たる方向にだけ集中してしまい、バランスよく広がってくれないことがある。まわりの白壁に反射させたりしながら、できる限り均一な光を当てられるような工夫が必要になる。

天井近くからLEDを照射する場合、フェンスの上段と下段で光量に違いが出てくる。比較的強い光を好むリドレイやベイチー系の品種は、もっとも明るい場所に置き、その他の種類は一段落ちる光の場所で管理するとよい。子株の場合も強い光を必要としないので、やや光量を抑えた場所が望ましい。

TEMPERATURE 温度

ある程度の温度差は耐えてくれるが、冬の寒さには注意して。

原種が自生しているのは赤道近くの熱帯地域で、全般的に暖かな気候を好む。自生地の気温は年間を通して大きな変化はないが、日本では季節による気温の差が激しい。気温の違いはかなり大きいが、もちろん栽培は可能だ。四季のある日本だからこそ、季節に合わせた育成を行うことで、現地で育った株よりもコンパクトに引き締まった姿に仕上げることができる。

ビカクシダの平均的な生育適温は20〜30℃くらいだ。もちろんこの温度を下回ったり、上回ったりしたからといって、枯れてしまうことはない。基本的には強い植物なので、ある程度の寒さや暑さには十分に耐えられる。

ただ、熱帯植物なので日本の冬の寒さには注意したい。比較的耐寒性のあるビフルカツムでは最低気温が0℃になっても問題なく耐えてくれるケースもあるが、ほとんどの種類で寒さに当たると葉が枯れたり、その後の生長が悪くなったりする。

とくに屋外で管理している株は、最低気温が15℃を下回るようになったら、室内または温室に移動したほうがよいだろう。エアコンなどで20℃以上を維持できれば、通常の生長は続き、育成を行うことができる。

また、近年では夏の猛暑が問題になることが増えている。35℃を超える日が続くと、種類によっては生長が鈍くなり、動きがとまってしまうことがある。生長できない状態が続くと、病気や害虫が発生するといったトラブルが現れやすいので注意が必要だ。

夏の高温期、温室栽培などでは、サーキュレーターを使って風通しをよくするのが基本となる。なかでも暑さに弱い品種や小さな株などは、室内のエアコン管理で育成するのがおすすめ。最近では年間を通して温度管理がしやすい室内育成派が増えてきている。

WATER

水の過不足に注意。
水やりのちょうどよいタイミングを探ろう。

日常的な管理として最も頻繁に行う作業が水やりだ。ビカクシダには、メリハリのある水やりを心がけたい。基本は植え込み材である水苔の表面が乾いたら、中まで十分水が浸透するまでたっぷり水を与えること。リドレイなど水苔の全面を貯水葉が覆ってしまうタイプでは、株を持ってみて、いつもより軽い場合は根元が乾燥している状態なので、水を必要としているサインといえる。

水やりの回数が多すぎて、常に湿っていると、根が安心して活発に伸びてくれない。また、根が過剰に濡れている状態が続くと、根腐れが起きやすく、貯水葉が腐ってくることもある。逆に、乾燥させすぎると生長不良や枯れる原因になってしまうので、ちょうどよいタイミングで水やりを行いたい。ちなみに、ビカクシダは完全に根が乾くドライアウトには比較的強いが、根の生長が妨げられるので、完全に乾ききる前に水を与えたほうがよい。とくに、貯水葉が出ていない小株の場合は乾燥しやすいので水切れに注意しよう。

水やりの方法は、バケツなどの大きな容器に水を入れて、株全体をつけるソーキングがおすすめ。水苔のなかまでしっかり水が浸透しやすく、根のまわりに溜まった不純物なども取り除くことができる。使用する水は、そのつど変える。貯めておいた水を使うのではなく、水道水から新しく注いだ酸素を十分に含んだ水を使うとよい。

このほか、シャワーやジョーロを用いた水やりの場合は、株の上から全体に水を与える。しかし、ベイチーやウィリンキーなどの白葉を保持させたい場合は、葉に水をあまりかけず、星状毛を落とさないように気をつけるとよいだろう。

また、冬期に生長を止めている株に対しては水やりを控えめにし、植え込み材が完全に乾いてから灌水するとよい。

WIND 風

適切な空気の流れで、強い株に育てる。

意外とおろそかになりがちなのが風通しだ。植物の栽培においては風通しはとても重要で、ジメジメとした風の通らない場所では、ほとんどの植物は状態よく育たない。ビカクシダも同様で、風通しを意識した栽培が必要になる。自生地では、木漏れ日を受ける樹木の中層に着生していることが多く、時折吹く風によって胞子葉が揺れている。

ビカクシダに緩やかな風が当たることによって、生長点が刺激され、しっかりとした葉が伸びてくるというのも大きなメリットだ。風の影響で水苔は乾きやすくなるが、そのぶん水やりを適宜行うことで、しっかりした根が早く広がり、株も丈夫になっていく。

とくに風通しの悪い室内栽培では、サーキュレーターを24時間稼働させたい。株に直接強い風を当てると、生長点に負担がかかるので、緩やかに部屋全体の空気を循環させるイメージで風を生み出す。株に直接向けず、天井や壁面に向かって風を送り、時折、胞子葉が軽く揺れる程度の流れをつくるとよい。

FERTILIZER 肥料

ダミータイトルのある暮らし楽しみがあふれるビカク

もともとビカクシダは、肥料分をたくさん必要とする植物ではない。しかし、適度に肥料を与えることで、根を育て、色つやのよい丈夫な葉を伸ばしてくれる。ポイントは量を抑えて、生長期に肥料を切らさずに適宜与えることだ。

肥料の施しかたには、植えつけの際に根元に施す「元肥」と、育成中に追加するようにして与える「追肥」がある。元肥としては、ビカクシダ専用のP.FOODなど、ゆっくりと長期間効果が持続する緩効性の有機質肥料がおすすめ。追肥には、固形の化成肥料などを古い貯水葉の裏側に入れたり、増し苔の際に苔のなかに入れたりする。追肥は生長期の春から秋にかけて、約1カ月に1度のペースで与えたい（冬でも生長している株には少量与える）。

肥料の成分に関しては、葉を伸ばすチッ素分よりも根の生長を促すカリウムやリン酸の割合が多い肥料を使う。速効性のある液体肥料は、葉にばかり栄養がいきすぎる傾向があるので常用せず、株の状態をみて利用するとよいだろう。

胞子葉の調整

思い通りにの方向に伸びてくれない葉の誘引。

ビカクシダは各品種で理想的な胞子葉の形状や伸びかたがある。ウィリンキーやコロナリウムは複数に分岐する葉が大きく前に垂れ下がる。ベイチー系はトリコームの多い白い葉が生長点より上に向かって伸び、ヒリー系ではやや幅広の葉がハンズアップする。リドレイも多分岐の胞子葉が上に伸びる。

上に向かって伸びるタイプは、真上から光を当てることでまとまった形になりやすいが、下垂するタイプは思い通りに胞子葉が展開してくれないことがある。その多くは、光量が足りていなかったり、光の強さにムラがある場合などが考えられる。とくにウィリンキー系は光量が足りないと横向きのまま前に伸長するので「前ならえ」をしているような状態で、左右にうまく広がってくれないことがある。こうしたときには針金を使って矯正するとよい。

また、ウィリンキー系のドワーフ種では生長点が込み入って、きれいに胞子葉が展開しないことがあり、葉の組みかたを整える作業が必要になる。

胞子葉の向きを変える

1

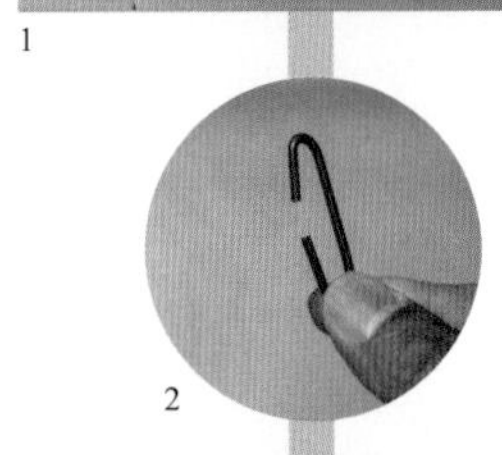
2

3

❶胞子葉の1枚が逆向きに伸びてしまった株。❷針金の両端を、葉の幅のサイズに合わせて折り曲げる。❸葉の基部近くに針金を取りつけ、正しい方向に力を加えるだけで矯正できる。

胞子葉の誘引

胞子葉がうまく左右に広がらない場合は、針金の先端をコルク部分に引っかけるようにして葉を矯正する。

胞子葉の組みかえ

1

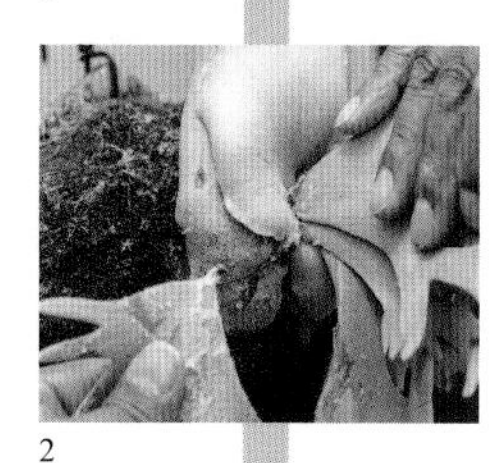
2

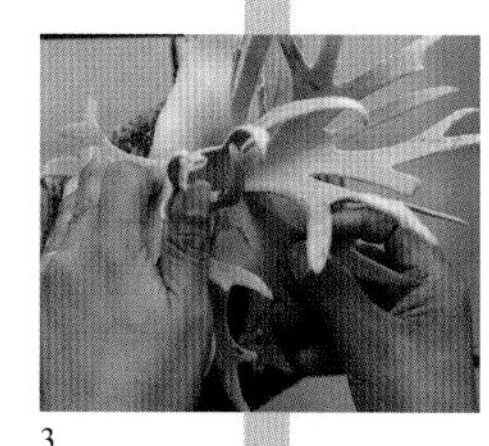
3

4

5

❶ドワーフ種の葉の組みかえ。「葉組み」とも呼ばれる。ドワーフ種は硬い胞子葉が密集しやすく、全体のバランスも崩しやすい。❷貯水葉が胞子葉の上に被さるように伸びてきたので下になる胞子葉を根元から抜き取る。❸左右交互に生えてきた順番に葉を広げる。❹新しい葉を古い葉の分岐部分に挟み込むような形で広げて行くとよい。❺葉の組みかえ後。日々、胞子葉の伸びかたを観察するとよい。

貯水葉の調整

とくにドワーフ種は
貯水葉の巻き込みに注意する。

1

2

❶貯水葉の左右の先端が内側に巻き込む。サイズのわりに葉が硬いドワーフ種に起こりやすい。❷貯水葉ターンの際、内側への巻き込を防ぐために、小さくカットしたメラミンスポンジを入れて外側に伸びるように誘導している。

貯水葉には王冠型や丸型などの形状に違いはあるが、基本的には植え込み材となる水苔の形に添って生長していく。きれいな曲線を描く貯水葉を育てるためには、水苔をきれいな形に整えながら株を植え込まなくてはならない。また、貯水葉ターン（胞子葉の生長が止まり、貯水葉が伸長する時期）の際には、やや水やりの頻度を上げて湿度を高めにして育てると状態よく生長しやすい。

近年人気のドワーフ種は、胞子葉・貯水葉ともに葉が硬く、思い通りに生長しないことがある。貯水葉では左右の先端がくるりと内側に巻き込むように伸びてしまうケースがみられる。これを防ぐためにメラミンスポンジを使って誘導することも。巻き込んでしまった葉は、その部分をカットして、次に展開する貯水葉が伸びるスペースを平らに整えておく必要がある。

巻き込む貯水葉の修正

1

2

3

❶貯水葉の先が内側に巻き込んでしまった株。❷板の付け替えを行うため新たな板に水苔を配置し、有機質肥料（P.FOOD）を入れ、そのうえにも水苔を配置。❸株の根はいじらず、新しい板に付け替え。結束バンドで株を固定する。

4

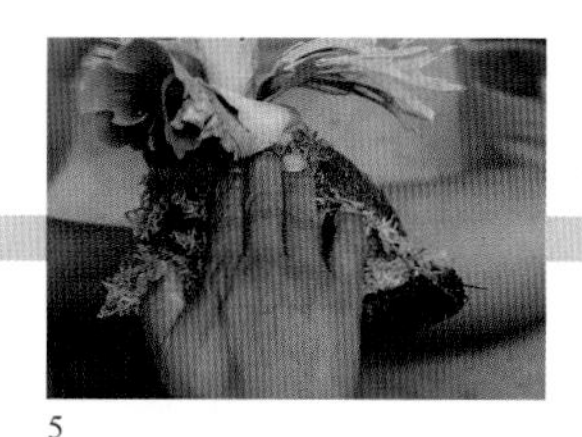
5

6

❹巻き込んでいる部分をハサミでカット。左右両方とも切り取る。❺貯水葉の裏に水苔を入れていく。カットした部分はていねいに入れ込みながら貯水葉を広げるイメージで。❻貯水葉の裏にしっかり水苔を詰め込む。

7

8

9

❼透明のミシン糸を使って水苔を巻きつけて、株を固定させる。❽カットした部分と水苔が平らになるように仕立てる。❾次に展開する貯水葉が新たな水苔の上に広がっていく。

生長点のトラブル

もっとも重要な場所のトラブルには早急な対処が必要だ。

生長点が貯水葉の裏に！

❶新芽が生える場所がなく、貯水葉の裏に生長点が移動している。❷小さなハサミやカッターを用いて、生長点に覆い被さる貯水葉をカット。新芽を傷つけないよう慎重に。❸透明のミシン糸で残した貯水葉を固定するようにして巻きつける。❹生長点が前面に現れている状態に。しばらくは水を切らさずに管理する。

生長点はビカクシダにとって一番重要な場所だ。たとえ胞子葉や貯水葉の一部が枯れてしまっても生育条件が整っていれば、ビカクシダは問題なく生長する。しかし、それらの葉が発生する生長点が大きく傷ついたり、枯れたり、腐ったりしたら、その株は生命活動を終えてしまう。葉の状態だけでなく、生長点の様子も常に観察しておこう。

とくに生長点まわりが密集しやすいドワーフ種では注意が必要だ。株によっては新芽が出る場所がなくて貯水葉の裏に出ることも。そのほか、胞子葉の枚数が多く、大きく生長したときにその重さで生長点ごと取れてしまう「首折れ」状態になることも。まずは根をしっかり育成させることが大事だが、これらトラブルを見つけたらすぐに対処しなくてはならない。

首折れ対策

1

2

3

❶胞子葉の根元がぐらぐらしている株。❷ぐらつきを抑えるため、数枚の胞子葉を利用して株元を押さえる。固定する胞子葉は貯水葉の裏側に。❸押さえた胞子葉の上からミシン糸で巻きつけ、その葉の先端はカットする。これで株元が安定する。

重力に耐えられないほどに胞子葉が生長したら、根をしっかり育成させるまで針金などを利用して固定するとよい。

胞子葉がとれてしまったら

1

2

3

4

❶胞子葉が生長点と一緒にとれてしまったら……。❷少量の根がついていれば復活する可能性がある。根の部分に発根促進剤をつける。❸小さなポットを用意して、十分に湿らせた水苔に植え込む。❹割り箸や竹ひご、輪ゴムを使って株元を固定する。葉が大きい場合は、半分程度カットしてもよい。

コルクに着生させよう

インテリアグリーンとして より美しくアレンジするために。

一般的にビカクシダは板付けにされて育成されることが多い。板のほかにコルク樹皮も着生材として使われるようになっている。コルクは軽量で腐りにくく、加工しやすいというメリットがある。また、ビカクシダをつけたときに、より自然に近い雰囲気に仕上がるのでおすすめだ。

平面的な板状のコルクのほか、なかが空洞になったチューブ状のコルクなどが市販されている。樹木に着生している自生地の様子をイメージしながら、ビカクシダを着生させ、バランスよく仕上げれば、長年楽しめる貴重なインテリアグリーンになるはずだ。コルク付けは全体のバランス感覚が重要で、株がどのように生長していくかを想像しながら配置するとよいだろう。

現在では、自然のままのコルクだけではなく、空洞部分を埋めたり、複数を組み合わせたりして思い通りのコルク加工が提案され、その楽しみも普及してきた。

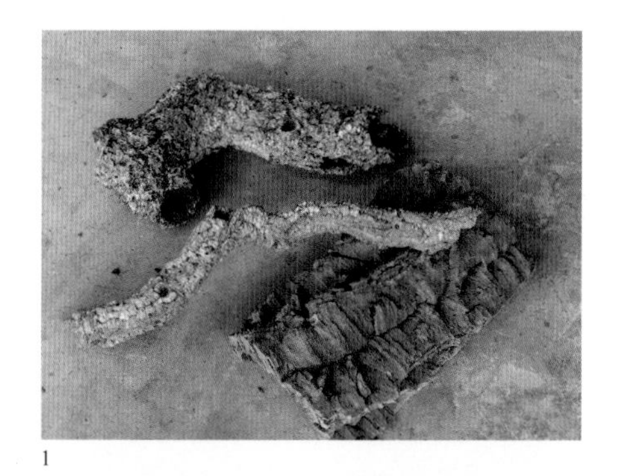

1

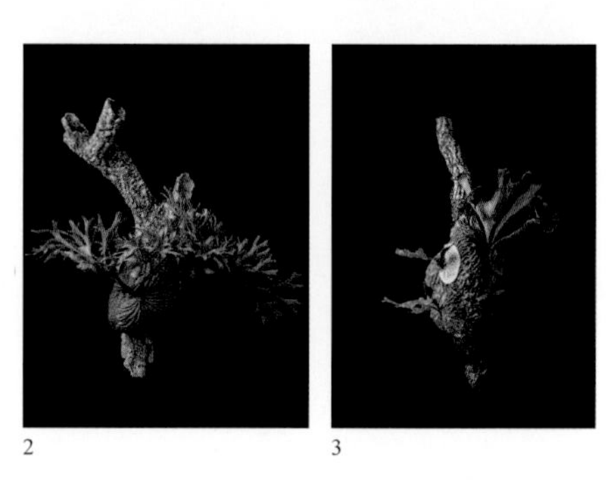

2 3

❶コルクには板状のものや、なかが空洞になったチューブ状、細い枝状のタイプがある。どのように株を着生させるかというセンスが問われる。❷❸チューブ状のコルクに着生して育てられているリドレイ（左）とマダガスカリエンセ（右）。板付けでは見られない自然を感じさせるアレンジだ。

コルク付けのプロセス

1

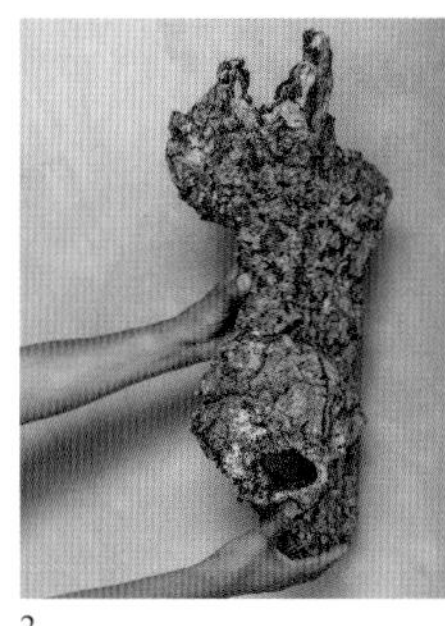
2

❶板付けで育ててきたドワーフ種のジェニー。❷ちょうどよいサイズ感で、動きのあるコルクを利用する。

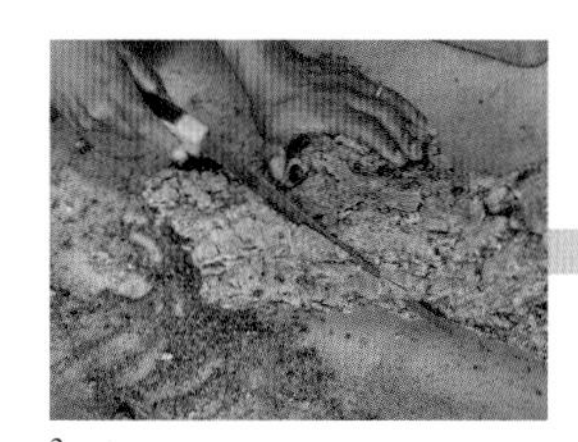
3

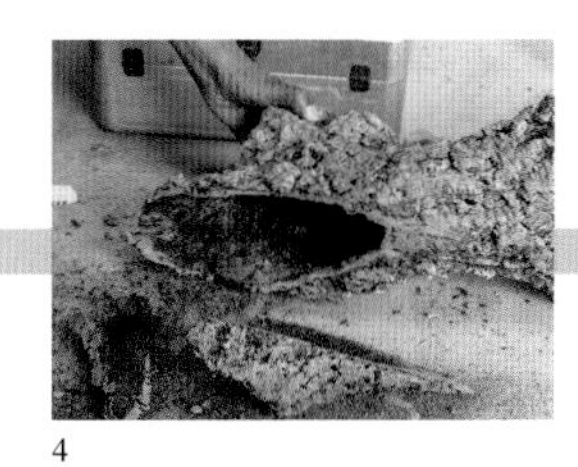
4

5

❸配置する向きと角度を確認したあと、壁の接地面を平らにするためノコギリでカット。❹裏の接地面を平らにすることで安定して掛けられる。❺上部の空洞部分を、切り取ったコルクで塞ぐ。

6

7

8

❻空洞部分の穴のサイズにあわせて切れ端のコルクをカットし、グルーガンで接着する。❼接着したあとコルクをカットした際に出る粉を継ぎ目にふりかける。❽継ぎ目がほとんど目立たない。

9

10

11

❾フックを取りつけて壁に掛けてみる。空洞を隠すことで、より自然な木の一部に見える。❿株を着生させる場所を決め、電動ドリルで左右に穴をあける。⓫あけた穴に結束バンドを通しておく。

12

13

14

⓬株を板から取り外す。水苔の表面に生えていたコケも手で取り除いている。⓭適度なサイズの丸い器に湿らせた水苔を入れ、有機質肥料のP.FOODを投入。⓮固形の化成肥料も数粒入れた。

15

16

17

⓯肥料の上に苔を入れ軽く手で押さえ込む。⓰器を逆さまにして水苔を配置する。⓱そのうえに板からはずしたばかりの株をのせ、結束バンドで固定する。

18

19

20

⓲株の角度を見ながら水苔を足していく。⓳透明のミシン糸を用意。⓴水苔のまわりをぐるぐると巻きつけて、形を整えながら株を固定させる。糸の端はピンセットを使って水苔のなかへ。

コルクに着生したジェニー。より自然に近い雰囲気で、移りゆく生長を見守る。

1

2

3

❶細い枝状のコルクをつなぎ合わせ、輪を描くように加工している。その内側に着生するリドレイがバランスよく生長し、自然のアートといえるような作品。❷地衣類がついた枝状コルクを4本組み合わせて、ビカクシダのフレームに。アイディア次第でさまざまな加工が楽しめる。❸着性種だけではなく、塊根植物などの器として加工することもできる。

着性種以外のコルク加工

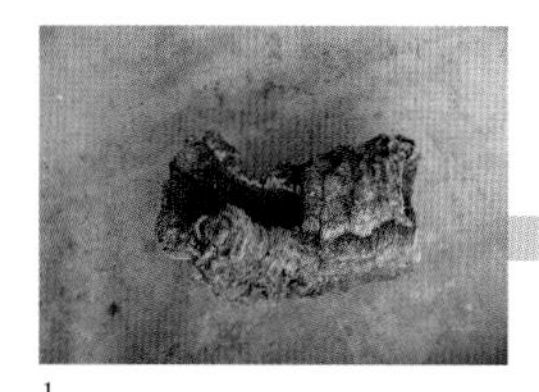
1

2

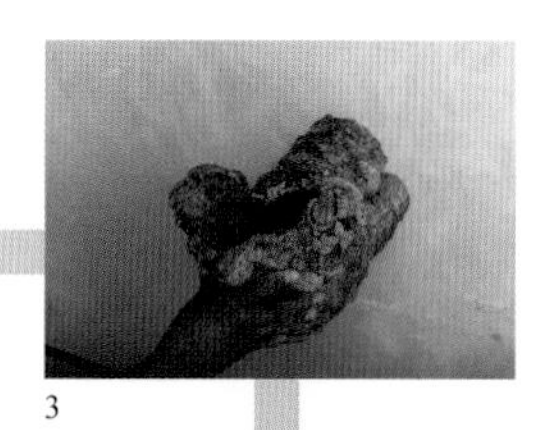
3

❶太いチューブ状のコルクを使用。❷壁への接地面を平らにするためノコギリでカット。❸壁に配置させる。大きな開口部を上向きに。

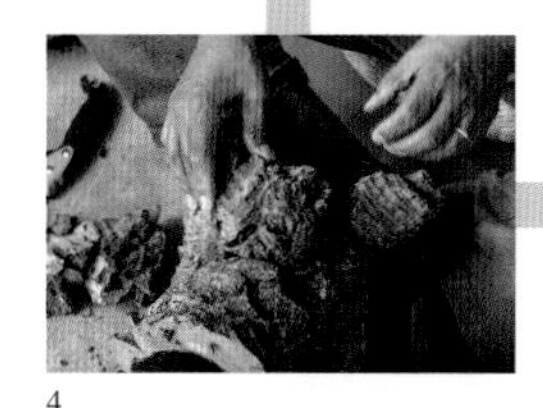
4

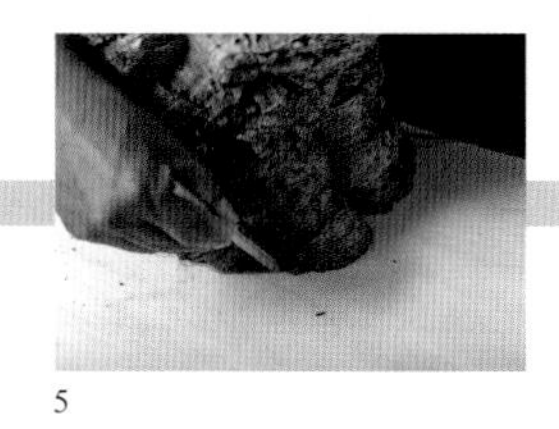
5

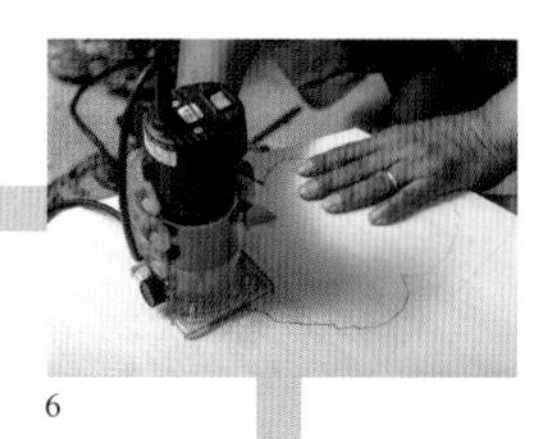
6

❹開口部の一部を切れ端で覆い、グルーガンで接着。❺壁面の穴を塞ぐため、ベニヤ板に型を取る。❻電動ノコギリで板をカット。

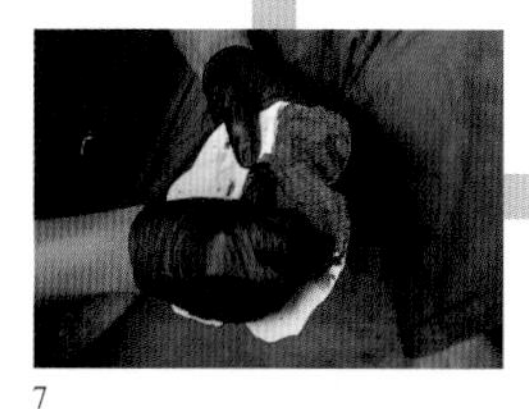
7

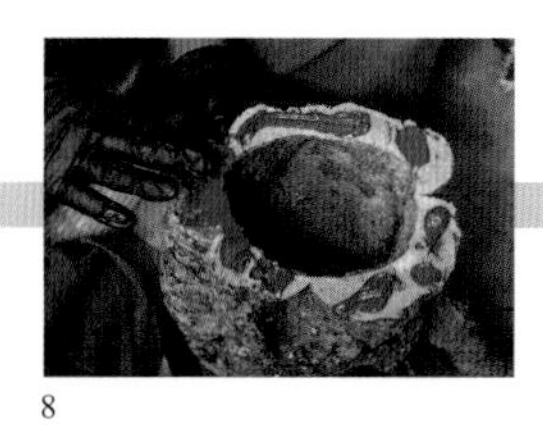
8

9

❼カットした板の端をヤスリがけし、撥水効果のあるワックスを塗り込む。❽茶色のシリコンを接地面にしっかり塗る。❾電動ドリルで固定する。

10

11

12

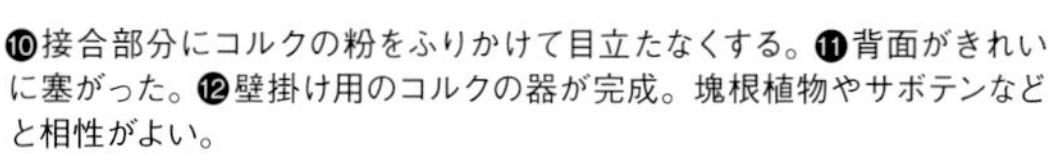
❿接合部分にコルクの粉をふりかけて目立たなくする。⓫背面がきれいに塞がった。⓬壁掛け用のコルクの器が完成。塊根植物やサボテンなどと相性がよい。

SHOP GUIDE

オザキフラワーパーク

OZAKI FLOWER PARK

1

都内最大級の売り場面積を誇り、連日多くの園芸ファンで賑わうオザキフラワーパーク。あらゆるジャンルの園芸植物に出会える場所だが、ビカクシダも充実した品揃えで、多くの愛好家を増やしてきた。2階にある観葉植物売り場の奥へ向かうと、高いフェンスがそびえ立ち、数々の板付けされた株が並んでいる。ビフルカツムやネザーランドなどの普及種のほか、リドレイやマダガスカリエンシスなどの上級向けの株や珍しい交配種も数多く扱い、初心者からマニアまで満足のいくラインナップといえるだろう。また、コロナリウムなど、現地のジャングルを思わせる巨大な株も複数展示販売されていて、その迫力に圧倒される。

「コロナ渦でとくにインドアグリーンの需要が増えましたが、そのなかでもビカクシダの注目度は高く、売り場も充実させてきました」と話すのは、観葉植物担当の後藤直也さん。昨年末には板付けのワークショップを行い、かなり好評だったという。さらに、今年の春にはSmokeyWoodやPlantsClubの販売イベントも開催して注目を集めた。

「これからも商品を充実させ、ひとつひとつをていねいに販売していきたいですね」と抱負を語ってくれた。

2

3

4

5

7

6

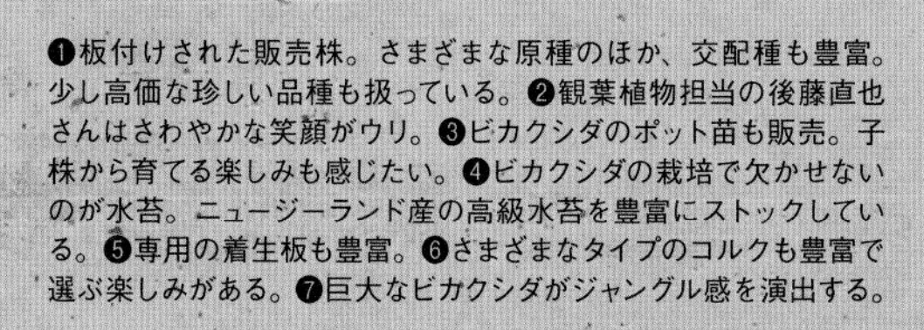

❶板付けされた販売株。さまざまな原種のほか、交配種も豊富。少し高価な珍しい品種も扱っている。❷観葉植物担当の後藤直也さんはさわやかな笑顔がウリ。❸ビカクシダのポット苗も販売。子株から育てる楽しみも感じたい。❹ビカクシダの栽培で欠かせないのが水苔。ニュージーランド産の高級水苔を豊富にストックしている。❺専用の着生板も豊富。❻さまざまなタイプのコルクも豊富で選ぶ楽しみがある。❼巨大なビカクシダがジャングル感を演出する。

オザキフラワーパーク
東京都練馬区石神井台4-6-32
TEL 03-3929-0544
営業時間 9:00〜19:00
定休日 1/1〜1/2

監修

野本栄一（のもと・えいいち）

1967年大阪府生まれ。ビカクシダの輸入・生産・販売を行う「SmokeyWood」代表。東大阪市にある「azito」を拠点に植物イベントを主催するほか、全国で開催されている即売会にも出店している。ビカクシダの普及のため、InstagramなどのSNSを活用し、フォロアーからBOSSの愛称で親しまれている。週に1度のインスタライブや、オンラインサロンも好評。趣味家として立派な親株を育てるなかで、ビカクシダ本来の美しさを楽しむため、コルクに着生させるスタイルを提唱し、実践している。

https://www.baobabu.net
https://www.smokey-wood.net
（オンラインサロン ～ボスとビカクを語り合う～）
Instagram　driftwood.smokeywood
YouTube　SmokeyWood
SmokeyWood「隠れ家azito」　大阪府東大阪市高井田元町2-10-9

●STAFF

表紙・本文デザイン　平野 威
写真撮影　平野 威、齋藤英成（STUDIO男爵）
編集・執筆　平野 威（平野編集制作事務所）
企画　鶴田賢二（クレインワイズ）

●撮影協力

オザキフラワーパーク

|栽|培|の|教|科|書|シ|リ|ー|ズ|

ビカクシダ2

魅力あふれる最新品種と美しく育てる実践ノウハウ

2023年10月10日　初版発行

発行人　笠倉伸夫
発行所　株式会社笠倉出版社
〒110-8625　東京都台東区東上野2-8-7 笠倉ビル
0120-984-164（営業・広告）
印刷所　三共グラフィック株式会社

ISBN978-4-7730-6146-8
